HIER BRENNT DER ROST -
Der Thüringer Bratwurstführer

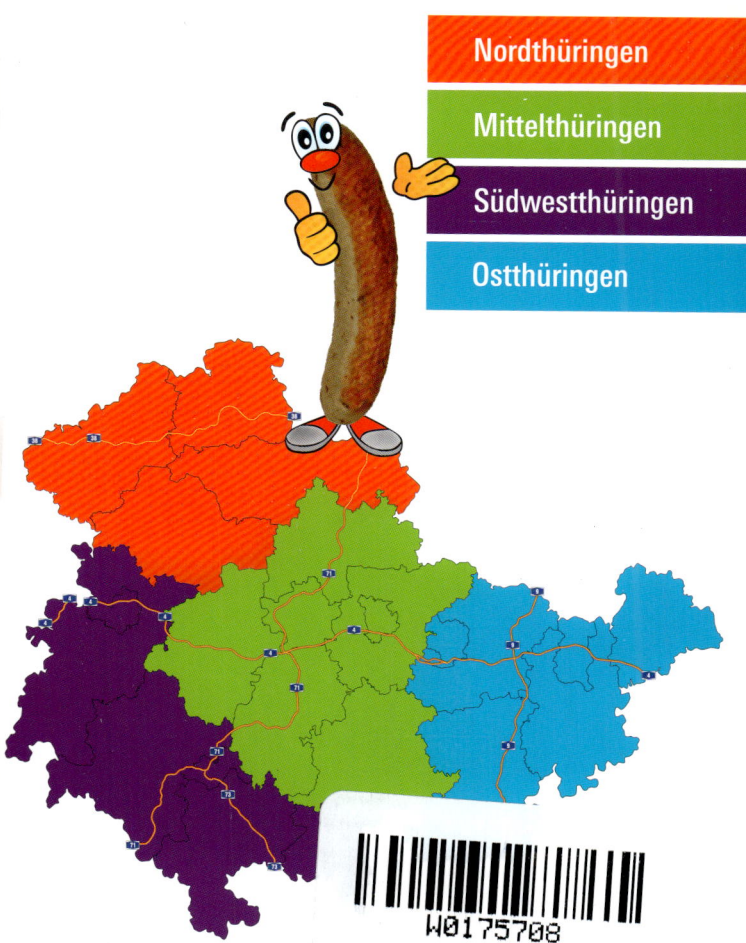

- Nordthüringen
- Mittelthüringen
- Südwestthüringen
- Ostthüringen

W0175708

www.bratwurstfuehrer.de

Inhalt

Nordthüringen	**16-55**
Mittelthüringen	**58-148**
Südwestthüringen	**150-195**
Ostthüringen	**196-239**

Willkommen im Bratwurstland. ... 6

Benutzerinfos ... 10

Die geschützte Thüringer Rostbratwurst. ... 12

Frisch und roh -
das A und O der Bratwursthygiene. ... 40

Das Thüringer Bratwurst ABC -
von Ablöschen bis Zerplatzen. ... 48

1. Deutsches Bratwurstmuseum ... 56

Der Hüter der Thüringer Rostbratwurst. ... 88

Zum App-beißen gut. ... 158

Der besondere Brötchen-Anschnitt. ... 188

Einzigartig, aber warum?
Die Thüringer Bratwurstgewürze. ... 199

Die Thüringer Bratwurstgewürzkarte ... 200

Das schwierige Brötchen. ... 212

Frische verlangt Sauberkeit -
die Hygiene am Bratwurststand. ... 213

Seinen Senf dazugeben... ... 240

Impressum ... 241

Willkommen im Bratwurstland.

„Weißt Du, was das Schöne an Thüringen ist?", fragte einmal ein Freund aus Nicht-Thüringen (Sie können wahlweise auch eines der infrage kommenden 15 Bundesländer einsetzen). **„Die Bratwurststände an euren Land- und Bundesstraßen. Man hält einfach an, steigt aus, muss keine Speisekarte oder Angebotstafel studieren, man sagt einfach: eine Bratwurst bitte."**

Schauen wir uns das kleine Thüringen mal genauer an. Eigentlich stehen wir ja nicht schlecht da, so als Erholungsland: ein paar hübsche Flusstäler inklusive Radwege, Deutschlands größte künstliche Wasseroberfläche mit Staumauer, die Bleichlochtalsperre. Und darauf sind wir besonders stolz: unser Grünes Herz. Dahinter verbirgt sich das Bündnis der Mittelgebirge Thüringer Wald und Thüringer Schiefergebirge. Beide gehen irgendwo zwischen Fichten und Buchen nahtlos ineinander über. Wer einmal selbst dieses exklusive Gefühl erleben möchte, vom Wald ins Schiefergebirge einzutauchen (oder auch umgekehrt), der geht einfach nur den Rennsteig entlang, 169 Kilometer. Rennen ist nicht Pflicht. Wandern, Nordic Walking, Mountain Biking oder gemütlich schlendern tun es auch.

Eigentlich nicht schlecht und für den Hausgebrauch langt es auch. Aber gegen die alpine Konkurrenz aus Bayern sehen wir ziemlich mickrig aus, wie ein Alpen-Miniaturpark. Und da zu Erholung auch noch Badestrand und Sonnenscheindauer gehören, ist Thüringen oft nur Transitland auf dem Weg zur Seenplatte, zur Ost- oder Nordsee oder eben Richtung Alpen.

Kulturell gesehen spielt Thüringen natürlich ganz vorn mit. Wir haben Goethe und Schiller mit all ihren Häusern. Wir haben die Wartburg, wo die Superstars des Mittelalters sich zum German-Song-Contest trafen. Später wohnte hier ein aufmüpfiger Mönch, dem sein Landesherr eine Art Schutzsperre verpasste. Aus purer Langeweile übersetzte er einfach mal die Bibel ins Deutsche. Wir haben das Bauhaus mit seinen vielen Künstlern, die weder den Baumarkt noch den Bausparvertrag im Sinn hatten, sondern Kunst und Bau einfach nur schnörkellos praktisch sahen.

„Halt!" werden Baden-Württemberger und Hessen jetzt womöglich rufen. Goethe und Schiller haben bei uns immerhin in die Windeln gemacht und ihre erste feste Nahrung zu sich genommen. **„Mag ja sein,"**, werden die Thüringer entgegnen, **„aber eine echte Thüringer Bratwurst war bestimmt nicht dabei."**. Das können wir historisch zwar nicht beweisen, dürfte aber in etwa stimmen. Der Einspruch der Hessen und der anderen „Nicht-Hochdeutsch-Sprecher" zeigt zugleich, dass auch andere Bundesländer mit Kultur punkten können, und das ziemlich kräftig. Deswegen bleiben uns Thüringern als Alleinstellungsmerkmal nur die Bratwurst und die vielen Bratwurststände an unseren Bundes- und Landstraßen, in unseren Innenstädten. Durch sie werden wir als Thüringer wahrgenommen, durch sie können wir echten Neid erzeugen (was wir bei Kultur und Erholung nicht geschafft haben).

Wann genau die Bratwurst in unser Leben getreten ist, wissen wir selbst nicht genau. Immerhin gab es diesen Tag im Juli 2000, als ein Archivar ganz zufällig die Rechnung eines Arnstädter Klosters aus dem Jahre 1404 fand. **Därme für Bratwürste** stand da geschrieben, ein Bratwurst-Sechser mit Zusatzzahl sozusagen. Seitdem feiern wir regelmäßig die Ersterwähnung. Auch die Zweiterwähnung ist uns mindestens einen Grillabend wert. Aus dem Jahre 1432 kennen wir die „Fleischhauerordnung" (Regelwerk der Wurstherstellung) der Fleischer aus Weißensee und Weimar, die natürlich auch die Bratwurst berücksichtigt.

Das Bratwurstrezept hat Thüringen nie wirklich verlassen. Wie auch? In Deutschland wurstelte jeder selbst vor sich hin, nicht nur politisch. Die Zutaten hat man seit den Tagen der ersten Bratwursterwähnung höchstens mal der Nachbarin verraten, aber nicht wie heute in Kochshows oder Internetforen. Auch vor Spionen waren unsere Bratwurstrezepte ziemlich sicher. Händler ließen sich öfter mal blicken, Pilger kamen ins Land, manchmal auch Soldaten. Die Zahl der potentiellen Rezeptdiebe war also überschaubar. Und die Bratwurst außer Landes schmuggeln und dann in Ruhe eine Gewürzanalyse vornehmen? - keine Chance. Damals, ohne Kühlschränke, musste es sogar noch schneller gehen mit der Frischware. Kaum war das Brät im Darm, landete die Bratwurst auch schon auf dem Rost. Auch Besuch aus anderen Regionen Deutschlands war eher die Ausnahme. Reisen und Urlaub machen, die deutsche Vielfalt entdecken, das kam erst viel später.

Und damit sind wir wieder in der Gegenwart. Es soll Urlauber geben, die fahren von Baden-Württemberg oder Hessen nicht direkt nach Sylt oder zum Timmendorfer Strand, sondern einen Bratwurstumweg über Thüringen. Und warum?

Die Thüringer Bratwurst gilt als die Königin unter den deutschen Würsten. Der Geschmack ist umwerfend und einzigartig, sie wird umweltfreundlich im Brötchen serviert, kein Pappteller, kein Plastikbesteck, kein Spülmittel. Nach etwa fünf Minuten ist man satt, aber nicht voll und hat nebenbei noch frische Luft geatmet (Bratwurst wird im Freien gegessen). Wer seine Bratwurst zwischen 12.00 und 13.00 Uhr verzehrt, kommt locker ohne Hungergefühl bis zur Kaffeepause am Nachmittag (Menschen ab 1,80 m Körpergröße oder ab Bauchumfang XL benötigen eventuell eine zweite Wurst).

Besonders schön: Das Portmonee ist nach der Wurst noch genauso dick wie vorher. Also fast, wenn Sie genau aufs Kleingeld schauen. Der Fehlbetrag liegt meist zwischen 1,30 und 1,80 Euro. Günstiger gibt es kein Mittagessen, das schmeckt, frisch und schnell zubereitet ist und auch noch satt macht.

Egal wer Sie sind (Kultur-/Wanderurlauber, Bratwurstumweg-Tourist, Geschäftsreisender, Thüringer aus der Rhön, der noch niemals das Altenburger Land gesehen hat), und völlig egal, wo Sie gerade sind, der Thüringer Bratwurstführer zeigt Ihnen den schnellsten Weg zum Rost. Er versorgt Sie außerdem mit den wichtigsten Infos: wann ist geöffnet, wie finden Sie zum Rost, gibt's dort einen Parkplatz, welcher Fleischer liefert die Wurst, wer bäckt das Brötchen, welche Sorte Senf kommt drauf. Sie entdecken außerdem die Vielfalt der Thüringer Bratwurst zwischen Kümmel, Knoblauch und Majoran. Und Sie lernen die Gegend neben dem Grill und die Leute hinter dem Grill kennen, mit Fotos und mit vielen persönlichen Geschichten.

Viel Spaß beim Lesen und Bratwurstessen wünscht Jens Roder.

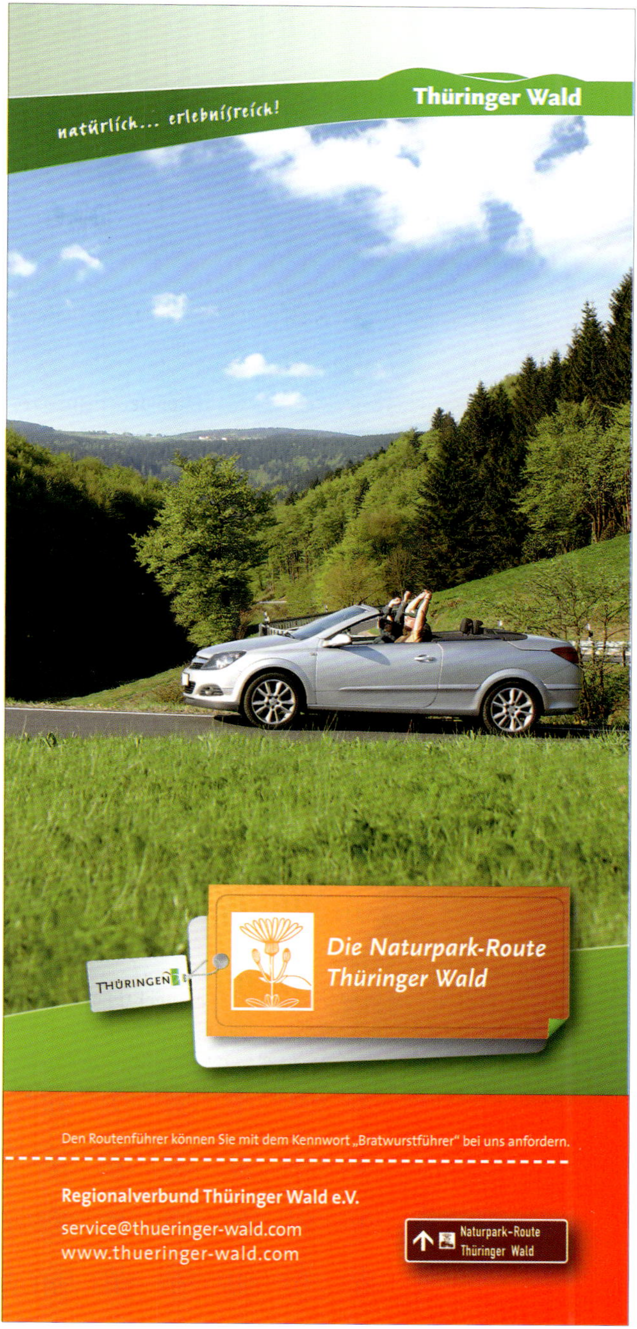

natürlich... erlebnisreich!

Thüringer Wald

Die Naturpark-Route Thüringer Wald

Den Routenführer können Sie mit dem Kennwort „Bratwurstführer" bei uns anfordern.

Regionalverbund Thüringer Wald e.V.
service@thueringer-wald.com
www.thueringer-wald.com

Naturpark-Route Thüringer Wald

Benutzerinfos

Standort:
Mit dem Navi direkt bis vor den Stand, das wird leider nicht immer funktionieren. Viele Bratwurststände stehen an Orten (Landstraßen, Innenstädte), denen man nicht punktgenau eine Hausnummer zuordnen kann. Auch wenn einige Stände außerhalb von Ortschaften (Harth Haus, Wegscheide) über richtige Postadressen mit Straße und Hausnummer verfügen, das Navi kennt sie nicht. Deswegen finden Sie manchmal nur eine „grobe Orientierung" in Form von Postleitzahl und Ortsname. Für die „Feinjustierung" hilft der Punkt **Anfahrt** weiter.

Anfahrt:
Einem Bratwurststand an der Landstraße kann man sich von mindestens zwei Seiten nähern. Steht er dann noch in der Innenstadt auf einem Marktplatz, wird es noch komplizierter. Deswegen haben wir diese Festlegung getroffen: Die Anfahrtsangaben beziehen sich immer auf den Abfahrtsort Erfurt.

Gewürze:
Neben Schweinefleisch und manchmal auch etwas Rindfleisch werden Sie immer Salz und Pfeffer in der Thüringer Bratwurst schmecken. Und was noch? Die meisten Fleischer haben gern Auskunft über ihre wichtigsten Zutaten gegeben, ohne natürlich ihr ganz spezielles Geheimrezept mit dem exakten Mischungsverhältnis zu verraten. Abgefragt wurden die „Hauptgewürze" Kümmel, Knoblauch und Majoran. Wurden „Nebengewürze" wie Muskat, Kardamom und Koriander „freiwillig" genannt, dann werden sie auch erwähnt.

Da der Kümmel die sonst so verschworene Gemeinschaft der Thüringer Bratwurstfans spaltet, bekommt er eine Sonderbehandlung. Sie erfahren, ob er gemahlen oder ganz oder in beiden Varianten in die Wurst kommt. Fehlt er vollständig, werden Sie extra darauf hingewiesen. Bei den anderen „Hauptgewürzen" ist das nicht der Fall. Mehr Informationen zum Kümmel und seinem Verbreitungsgebiet finden Sie auf den Seiten 199 bis 201.

Preis:
Die Thüringer Rostbratwurst darf laut Definition (s. **Die geschützte Thüringer Rostbratwurst** S. 12-14) zwischen 100 und 150 Gramm schwer sein. Damit bewegt sie sich portionsmäßig zwischen einem Imbiss für den kleinen Hunger zwischendurch und einer Hauptmahlzeit. Damit Sie wissen, wie viel Bratwurst Sie für Ihr Geld bekommen, finden Sie nach dem Preis die Gewichtsangabe. Wer es mag, kann so den Stand mit dem besten Preis-Leistungs-Verhältnis herausfinden.

Wann brennt der Rost:
Geringe Abweichungen von den angegebenen Zeiten sind möglich. Viele Stände arbeiten allein mit Frischware, Nachschub „rund um die Uhr" kann nicht bei jedem Stand organisiert werden. Ist die „Tagesration" aufgebraucht bzw. gebraten und gegessen, dann ist einfach Schluss.

Im Winter kann es passieren, dass Sie vor verschlossenen Türen oder vor einem leeren Grill stehen, auch wenn kein Ruhetag ist. Bei strengem Frost (ab fünf Grad minus) legen manche Brater eine Zwangspause ein. Es lohnt sich einfach nicht, den Rost anzuschmeißen. Bei dicken Minusgraden hält kaum jemand an, die Kunden nehmen lieber ein stundenlanges Hungergefühl in Kauf, als aus dem warmen Auto zu steigen.

Erwarten Sie im Winterhalbjahr auch keine punktgenauen Schließzeiten. Bratwurstbraten ist ein „Freiluftsport". Da wird sich auch nach Wetterlage und Sonnenstand gerichtet. Bedeutet: Bei Starkregen, Schneefall oder einsetzender Dunkelheit wird der Rost auch mal früher in den Feierabend geschickt.

Zertifikat/Dachmarke:

Bitte umblättern...

Die geschützte Thüringer Rostbratwurst.

Also nicht dass sie es nötig hätte, die Thüringer Rostbratwurst. Sie macht weder einen schutzbedürftigen Eindruck, noch ist sie vom Aussterben bedroht. Ganz im Gegenteil. Doch gerade da liegt das Problem, die Nachahmer. Die wollen ihren „Nicht-Thüringer Würsten" einfach nur den berühmten Namen verpassen und damit Geld verdienen. Das geht natürlich nicht und die Thüringer setzen sich entsprechend zur Wehr.

Federführend ist der „Herkunftsverband Thüringer und Eichsfelder Wurst und Fleisch e.V." (HTW). Er hat nicht nur der Thüringer Rostbratwurst zum EU-Siegel „geografisch geschüze Angabe" (g.g.A.) verholfen, sondern auch der Thüringer Leberwurst, der Thüringer Rotwurst und der Greußener Salami. Außerdem vergibt der HTW ein eigenes Siegel, die Dachmarke **„Thüringer Original"**, um die Herkunft der Produkte aus Thüringen zu unterstreichen.

Die Dachmarke **„Thüringer Original"** kann nur bekommen, wer schon im Besitz des g.g.A.-Siegels ist (s. Interview S. 88/89). Anders gesagt, die geografisch geschützte Angabe ist die Pflicht, die Dachmarke die Kür. Vor allem große Fleischereien, die ihre Produkte auch außerhalb von Thüringen anbieten, nutzen g.g.A.-Siegel und Dachmarke zu Werbezwecken. Kleine Fleischer dagegen verzichten oft darauf. Die lokale Kundschaft kennt sie und vertraut ihnen. Die Kosten für Siegel und Dachmarke sind ihnen meist zu hoch.

Die g.g.A.-Kriterien haben die Thüringer selbst aufgestellt, die EU hat sie bestätigt und für alle Zeit für gültig erklärt. Und wie hat sie jetzt auszusehen, die geografisch geschützte Thüringer Rostbratwurst? Das können Sie ganz genau im Amtsblatt der Europäischen Union nachlesen. Den Link finden Sie auf der Internetseite des HTW unter **EU-Schutz**. Allerdings wartet dort jede Menge Fachchinesisch auf Sie. Wir bieten Ihnen deswegen diese Übersetzungshilfe an:

Mindestlänge 15 bis 20 cm: Ist Länge wirklich entscheidend? Die Beamten in Brüssel sagen ja, im Antrag muss eine Längenangabe stehen. Und warum gerade 15 bis 20 Zentimeter? Das ist die gängige, die traditionelle Bratwurstlänge. Größer ist erlaubt, kleiner nicht, denn das Brötchen muss wenigstens ausgefüllt sein. Auch die Abgrenzung gegenüber den kleinen Nürnberger Würstchen spielte eine Rolle, man wollte keine „Minithüringer".

Mittelfein: Das ist die traditionelle Herstellungsmethode. Früher wurde zur Bratwurstherstellung ausschließlich der Fleischwolf benutzt, mit einer Lochscheibe von 3 Millimeter. Auch wenn Fleisch und Gewürze die gleichen sind, grobe Bratwürste (Lochscheibe größer als 3 Millimeter) sind nicht geschützt. Das ist schwer zu verstehen. Hätte aber einen weiteren Antrag für grobe Bratwürste bedeutet. Außerdem sind grobe Bratwürste nicht unbedingt typisch für ganz Thüringen. Sie werden bevorzugt im Eichsfeld und bei der Hausschlachtung hergestellt.

Im engen Naturdarm: Der Durchmesser ist von der Natur vorgegeben. Im Schweinedarm werden Würste etwas dicker, im Schafdarm etwas dünner. Der Wurstdurchmesser bewegt sich zwischen 24 und 28 Millimeter. Vorgebrühte Würste sind meist etwas dicker mit einem Durchmesser von 30 bis 32 Millimeter. Geschmacklich merkt der Laie keinen Unterschied zwischen Schwein und Schaf.

Roh oder vorgebrüht: Die Zutaten sind die gleichen. Allerdings ist sich die große Mehrheit der Thüringer einig, die rohe Variante schmeckt besser. Was mehr auf einer Wahrnehmung beruht, lässt sich einfach erklären: Durch das Vorbrühen werden Aromen (negativ) beeinflusst.

Stückgewicht 100 bis 150 g: Hier ist es wie bei der Länge. Der Antrag wird in Brüssel nur bearbeitet, wenn man sich genau festlegt. 100 bis 150 Gramm sind aber keine willkürlichen Grammzahlen, sondern entsprechen einer Imbissportion, vom kleinen bis zum größeren Hunger.

Fettgehalt 20% (±5%): In der traditionellen Thüringer Bratwurst lag der Fettgehalt höher, bei 30 Prozent. Aber Zeitgeist und gesunde Lebensweise verlangen nach der Bratwurst light. Noch weniger Fett (extra light) macht aber auch keinen Sinn. Denn es ist nun mal Geschmacksträger und die Freude beim Essen hat die Thüringer Rostbratwurst ja so beliebt gemacht.

Mindestens 51% der verwendeten Rohstoffe müssen aus der Region Thüringen kommen: Das war ursprünglich gut gemeint, man wollte auch die Thüringer Bauern für die g.g.A. begeistern. Inzwischen gibt es aber nicht mehr genügend Thüringer Schweine, um den Bratwurstbedarf zu decken. Außerdem spricht die EU von Wettbewerbsverzerrung. Deswegen läuft zurzeit ein Antrag, die 51 Prozent-Klausel zu streichen. Und mal ehrlich, warum soll ein Schwein aus Sachsen anders als ein Thüringer Schwein schmecken?

Andererseits könnte man fragen, was ist noch thüringisch und schützenswert, wenn die 51 Prozent-Klausel demnächst fallen wird. Es ist die Herstellung in Thüringen nach einer speziellen Gewürznote, die ihren Ursprung in der Region hat und von Fleischergeneration zu Fleischergeneration überliefert wurde. Es wäre dann wie beim Schwarzwälder Schinken oder beim Konkurrenzprodukt, den Nürnberger Würstchen. Rezepte und Herstellungsverfahren stammen aus der Region, die Zutaten aber kommen überwiegend von außerhalb.

Wie bekommt man das g.g.A.-Siegel?: Der Fleischer stellt einen Antrag auf Zertifizierung seiner Bratwurst als **Thüringer Rostbratwurst** bei der Thüringer Landesanstalt für Landwirtschaft in Jena. Die Landesanstalt wiederum beauftragt ein Labor (Food GmbH Jena), das zunächst eine Probe Bratwürste beim Antragsteller abholt. Im Labor werden dann Länge, Gewicht, Fettgehalt usw. geprüft. Die Landesanstalt erhält den Testbericht und vergibt das Zertifikat.

Wer kontrolliert die g.g.A.?: Jedes Jahr wird aufs Neue kontrolliert. Das Labor in Jena holt sich wieder seine Testportion Bratwürste und meldet dann der Landesanstalt, ob Gewichte und Längen noch den Vorgaben entsprechen. Dazu kommen Kontrollen in den Fleischereien. Schließlich soll nicht nur die Testportion der Zertifikatsnorm entsprechen, sondern alle Würste. Diese wichtige Aufgabe übernehmen die Veterinärämter der Landkreise und kreisfreien Städte nach dem Prinzip: Wenn wir schon mal da sind, können wir auch noch nach ein paar Kleinigkeiten mehr schauen. Also wird nicht nur die Einhaltung der Hygienevorschriften geprüft, sondern auch Durchmesser, Gewicht und Länge der Bratwürste. Und das kann auch mit dem Zollstock passieren.

Was kostet der ganze (g.g.A.) Spaß?: Pro Jahr mit allem Drum und Dran (Labor, Kontrollen) rund 170 Euro.

Geschützte Produkte

Thüringer Rostbratwurst
Greußener Salami

Thüringer Leberwurst
Thüringer Rotwurst

Herkunftsverband Thüringer und Eichsfelder Wurst und Fleisch e.V.
E-Mail: info@thueringer-wurst.de

www.thueringer-wurst.de

Allmenhausen

Standort (fürs Navi)
99713 Allmenhausen, Neues Tor

Peggys Schlemmer-Ranch

Willkommen im Wilden Bratwurst Westen. Hier auf der Ranch gibt's die Wurst am Lagerfeuer... wäre ja mal eine Idee. Aber im Thüringer Bratwurst Regelwerk ist die Lagerfeuerromantik nicht vorgesehen. Wer jetzt leicht enttäuscht ist, sollte sich mit der uralten Thüringer Bratwurstweisheit trösten: vom Rost schmeckt sie einfach am besten!

Anfahrt: B 84 zwischen Ebeleben und Bad Langensalza

Parkplatz: ja

WC: ja

Bratwurst bei Regen/Schneefall: Imbissstube, überdachte Sitzbänke im Freien

Wer steht am Rost: Peggy Mayer

Rost brennt seit: 2010

Bratwurst: Fleischmarkt Aschara

Gewürze: Salz, Pfeffer, Kümmel gemahlen, Knoblauch, Majoran

Holzkohle: ja

Preis: 1,55 Euro (140 g)

Brötchen: Aufbackbrötchen

Senf/Ketchup: Born

Extras: Frühstücksangebot: Hackepeter, Rührei, Marmelade, warme Baguettes, Tagesgericht, Suppen, Hamburger, Schnitzelgerichte, Kartoffelsalat, Bratkartoffeln - alles selbstgemacht; alkoholfreie Getränke, Kaffee, Bier, frische Bratwürste zum Mitnehmen

Bratwurstessen und Entspannen:
Blick Richtung Sondershausen, Sitzbänke im Vorgarten

Wohin mit der Bratwurstenergie:
Park Ebeleben

Wann brennt der Rost:
ganzjährig: montags bis samstags von 9.00 bis 18.00 Uhr

Bad Langensalza

„Harth-Haus" Grill

Standort (fürs Navi)
99947 Bad Langensalza, Eisenacher Straße

Hier beißen Sie vor dem bedeutendsten Buchenwald Deutschlands in Ihre Bratwurst. Der Nationalpark Hainich ist das größte zusammenhängende Laubwaldgebiet Deutschlands. Laubbaum Nummer 1 ist die Rotbuche. Ein Baum, der beim Bratwurstbraten gern unterm Rost gesehen wird - als Holzkohle. Die kommt natürlich nicht aus dem Hainich, denn hier sind alle Buchen natur- und so auch holzkohlegeschützt.

Anfahrt:
B 84 Richtung Eisenach, zwischen Bad Langensalza und Reichenbach

Parkplatz: ja

WC: ja

Bratwurst bei Regen/ Schneefall:
überdachte Sitzbänke

Wer steht am Rost:
Hildeburg Kilian

Rost brennt seit: 2008

Bratwurst:
Fleischmarkt Aschara

Gewürze: Salz, Pfeffer, Kümmel gemahlen, Knoblauch, Majoran

Holzkohle: ja

Preis: 1,50 Euro (120 g)

Brötchen: Aufbackbrötchen

Senf/Ketchup: Born

Extras: selbstgemachter Kartoffelsalat, eingelegte Brätel nach Hausrezept, Fischbrötchen, Bulette; alkoholfreie Getränke, Kaffee

Bratwurstessen und Entspannen: ein paar Schritte durch den angrenzenden Hainich

Wohin mit der Bratwurstenergie: Baumkronenpfad

Wann brennt der Rost:
April bis November: täglich von 10.00 bis 18.00 Uhr

Standort (fürs Navi)
99718 Greußen, Erfurter Straße 17

Gasthaus „Zum Felsenkeller"

Wurst wird in Greußen schon lange und auch in großen Mengen hergestellt. 1864 wurde hier eine Salamifabrik gegründet, und die geräucherten Salzwürste sind auch heute noch sehr begehrt. Nur für den Rost sind sie völlig ungeeignet. Deswegen kommt auch in Greußen die Salami weiterhin aufs Brot und die Bratwurst auf den Rost.

Anfahrt: B 4 Richtung Nordhausen, Ortseingang links

Parkplatz: ja

WC: ja (in Gaststätte)

Bratwurst bei Regen/ Schneefall:
Vordach vom Stand

Wer steht am Rost:
Bianka Knabe

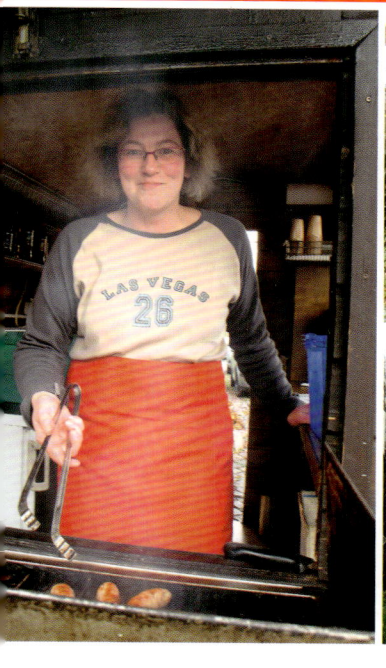

Rost brennt seit: 2009

Bratwurst:
Gräser's Frischmarkt
Sondershausen

Gewürze: Salz, Pfeffer,
Kümmel gemahlen und ganz,
Knoblauch frisch

Holzkohle: ja

Preis: 1,50 Euro (125 g)

Senf/Ketchup: Born

Brötchen:
Linders Frischbackwaren
aus Feldengel

Extras: Brätel;
alkoholfreie Getränke, Kaffee

**Bratwurstessen
und Entspannen:** Blick auf
Hügel mit Wiese gegenüber

**Wohin mit der
Bratwurstenergie:**
Besichtigung Kellergewölbe
Felsenkeller

Wann brennt der Rost:
Februar bis November: montags bis freitags von 10.00 bis 18.00 Uhr

Gehofen

Metzgerei Tettenborn

Standort (fürs Navi)
06571 Gehofen, Bahnhofstraße 26

Wenn Ihnen mal so richtig nach Abwechslung zu Mute ist, dann sollten Sie unbedingt nach Gehofen kommen. Diese Vielfalt auf dem Rost finden Sie sonst nirgendwo in Thüringen. Zur Grundversorgung gehören die Bratwurstvariationen: fein (man sagt auch gekuttert), gebrüht, mit Kartoffel und als dünne Jagdwurst. Zur Weihnachtszeit kommen noch dazu: mit Zitrone (Saft), mit Meerrettich (gerieben) und nur am Heiligabend mit Weißwein von der Mosel.

Anfahrt: B 86 Richtung Artern, in Reinsdorf rechts Richtung Wiehe abbiegen

Parkplatz: ja

WC: nein

Bratwurst bei Regen/ Schneefall: überdachte Sitzbank

Wer steht am Rost: Ilona Tettenborn

Rost brennt seit: 1996

Bratwurst: eigene Herstellung

Gewürze: Salz, Pfeffer, Kümmel ganz, Knoblauch, Majoran

Holzkohle: ja

Preis: 1,50 Euro (150 g)

Brötchen: Bäckerei Münx Kalbsrieth

Senf/Ketchup: Born, Bautz'ner

Extras: frische Wurstsuppe gratis dienstags und donnerstags, Wurst- und Fleischverkauf; alkoholfreie Getränke, Kaffee

Bratwurstessen und Entspannen: Kaffee und / oder Einkauf in der Fleischerei

Wohin mit der Bratwurstenergie: Kyffhäuser, Modellbahn Wiehe

Wann brennt der Rost:
ganzjährig: montags bis freitags von 10.00 bis 18.00 Uhr

Das gut behütete Geheimnis der Bratwurst-Gewürzmischung.

Die Fleischerfamilie Tettenborn gehört zum alten Thüringer „Fleischer Adel". Es war im Jahre 1856, als Wilhelm Tettenborn ein paar Schweine und ein Schlachtemesser in die Hand nahm und so zum Stammvater der Dynastie wurde. Er war es auch, der die Rezeptur der Tettenbornschen Bratwürste für die nächsten - sagen wir 1.000 Jahre - verbindlich festgelegt hat. Deswegen heißt es auch Familien-Geheimrezept und es geht niemanden etwas an, der nicht das entsprechende Blut in seinen Adern hat. Es gibt nur eine einzige Chance für Außenstehende, in den erlesenen Kreis der Wissenden aufgenommen zu werden.

Diese bietet sich nämlich dann, wenn der aktuelle Papa und Fleischermeister Tettenborn keinen Sohn zur Verfügung hat, der munter weiter fleischern wird, dafür aber eine hübsche Tochter, die, der Familientradition folgend, der Fleischeslust nicht abgeneigt ist, sich einen Fleischer anlacht und heiratet. Dann klappt es. Dann muss Papa Tettenborn dem Schwiegersohn alles verraten.

Und diese Chance gab es in den über 150 Jahren der Tettenborns bislang nur ein einziges Mal.

Doch die Sache mit dem Gewürzgeheimnis und seiner Weitergabe stellen wir uns viel zu romantisch vor. Keine Schatzkiste, kein Tresor, kein vergilbter Zettel von Uropa Wilhelm in Geheimschrift, kein Ritual der Geheimnisweitergabe auf die nächste Generation. Man könnte ja wenigstens ein Schnäpschen trinken, vor dem Vater bzw. Schwiegervater nieder knien und hoch und heilig versprechen, mit niemandem darüber zu reden. Nein, so läuft es nicht!

Wenn sich Sohn oder Schwiegersohn entschließt, sein Leben als Fleischer zu verbringen, dann erfährt er alles während der Lehrzeit. Quasi nebenbei, wie das Mischungsverhältnis der Leberwurst oder den Unterschied zwischen Lende und Haxe. Und da die Liste der Zutaten begrenzt und die Mischung nicht allzu kompliziert ist, behält man das Geheimrezept einfach im Kopf. So ist das und so war es zwischen dem amtierenden Fleischermeister Frank Tettenborn und Schwiegersohn David Zopp.

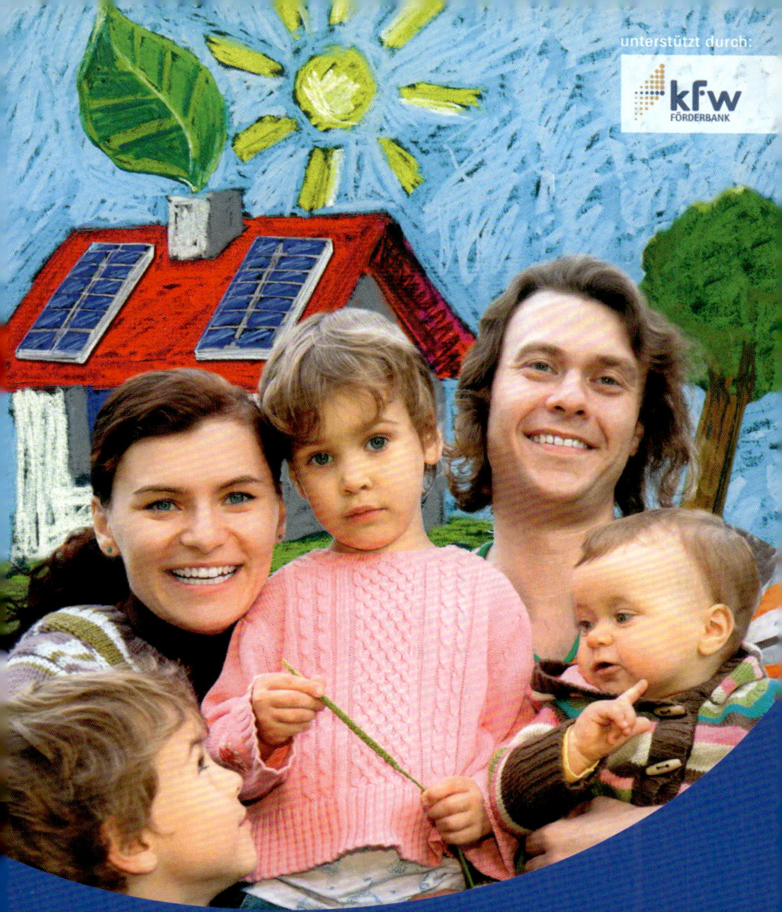

Mehr Spielraum für Familien!

Das Thüringer Familienbaudarlehen... und Ihre Finanzierung steht!
Runden Sie Ihre Hausbankfinanzierung ab – zu Förderkonditionen mit dem Thüringer Familienbaudarlehen.

Rufen Sie uns an: 0361/ 7447-123

   www.aufbaubank.de

Kirchheilingen

Bauernschänke Kirchheilingen

Standort (fürs Navi)
99947 Kirchheilingen, Langensalzaer Straße

Es heißt ja immer so schön, der Mittelpunkt eines Dorfes, das ist die Kirche, der Anger oder auch das Wirtshaus. In Kirchheilingen hat man sich damit nicht begnügt und hat einen thüringen-typischen Mittel- und Treffpunkt hinzugefügt: den Bratwurststand an der B 84. Hier treffen sich nicht nur die Kirchheilinger, sondern auch Durchreisende, und es gibt immer etwas zu erzählen.

Anfahrt: B 84 zwischen Bad Langensalza und Ebeleben, Ortsmitte rechts

Parkplatz: ja

WC: ja

Bratwurst bei Regen: überdachter Sitzplatz

Wer steht am Rost: Kerstin Kaufmann

Rost brennt seit: 1996

Bratwurst: Landfleischerei der Agrargenossenschaft Kirchheilingen

Gewürze: Salz, Pfeffer, Kümmel gemahlen, Knoblauch

Holzkohle: ja

Preis: 1,40 Euro (120 g)

Brötchen:
Bäckerei Bergfeld Kirchheilingen

Senf/Ketchup: Born

Extras: Der Bratstand gehört zur Raststätte mit umfangreichem Speise- und Getränkeangebot.

Alles wird frisch zubereitet.

**Bratwurstessen
und Entspannen:**
Blick aufs Dorfleben

**Wohin mit der
Bratwurstenergie:**
Freibad Kirchheilingen,
Nationalpark Hainich

Wann brennt der Rost: ganzjährig
montags bis freitags von 9.00 bis 15.30 Uhr
(im Winter bei Schnee geschlossen)

Leinefelde-Worbis

Leine-Grill

Standort (fürs Navi)
37327 Leinefelde-Worbis, Breitenhölzer Straße 2

Der Ortsname deutet es an, Leinefelde war noch bis vor kurzem nichts weiter als viel Feld mit ein paar Bauern. Erst Mitte des 19. Jahrhunderts ging es mächtig voran - mit der Straße von Mühlhausen nach Duderstadt (heute B 80 und B 247) und der Eisenbahn. Leinefelde wurde ein wichtiger Verkehrsknotenpunkt und die Wirtschaft boomte. Und jetzt dürfen Sie raten, wer zuerst vom Aufschwung profitierte? …die Bratwurstesser. Denn es war die Leinefelder Senffabrik, die 1868 die erste Dampfmaschine des Ortes bekam.

Anfahrt: B 247 Richtung Worbis, nach Bahnüberquerung links in Leinefelder Straße abbiegen, bis Bahnhof fahren

Parkplatz: ja

WC: ja

Bratwurst bei Regen/Schneefall: Sitzbänke unterm Dach vom Bahnhofsgebäude

Wer steht am Rost: Angelika Pacheco

Rost brennt seit: 2009

Bratwurst: Fleischerei Schweineberg Breitenbach

Gewürze: Salz, Pfeffer, Kümmel gemahlen, Knoblauch

Holzkohle: ja

Preis: 1,50 Euro (keine Angabe)

Brötchen: Kaufland Leinefelde

Senf/Ketchup: Born

Extras: Steaks, Frikadelle, Kartoffelsalat, Fleischsalat, Gewürzgurken, gekochte Eier; alkoholfreie Getränke, Kaffee, Cappuccino, Tee, Bier

Bratwurstessen und Entspannen: Blick auf Bahnhof und Zugverkehr

Wohin mit der Bratwurstenergie: Besichtigung Burg Scharfenstein

Wann brennt der Rost:
April bis November: montags bis freitags von 9.00 bis 18.00 Uhr

Mühlhausen

Standort (fürs Navi)
99974 Mühlhausen, Obermarkt

Andi's Holzkohlegrill

Falls es Ihnen noch nicht aufgefallen ist, Mühlhausen war eine der ganz großen Nummern in der Thüringer Geschichte. In der Freien Reichsstadt tummelten sich Könige und Kaiser und machten große Politik, während die heute weltbekannten Städte Weimar und Jena noch zur tiefsten Provinz gehörten. Später wurden die Mühlhäuser aufmüpfig. Sie spielten Revolution zusammen mit Thomas Müntzer, was diesem leider nicht so richtig bekommen ist. Wesentlich bekömmlicher ist da - Sie ahnen es - die Bratwurst auf dem Mühlhäuser Obermarkt.

Anfahrt: Richtung Zentrum, über An der Burg, Pfortenstraße zum Obermarkt

Parkplatz:
am Obermarkt (gebührenpflichtig, 30 Minuten: 50 Cent)

WC: öffentlich (50 Cent)

Bratwurst bei Regen/Schneefall:
eigener Regenschirm

Rost brennt seit: 1992

Wer steht am Rost:
Andreas Bendrich

Bratwurst:
Fleischerei Voigt Mühlhausen

Gewürze: Salz, Pfeffer,
Kümmel gemahlen, Knoblauch

Holzkohle: ja

Preis: 1,50 Euro (110 bis 120 g)

Senf/Ketchup: Born

Brötchen: Backshop
Am Steinweg Mühlhausen

Extras: Steaks, Bratklößchen

**Bratwurstessen
und Entspannen:**
Altstadtbummel

**Wohin mit der
Bratwurstenergie:**
Stadtführungen durch die
Altstadt, Schwanenteich,
Thüringen Therme

Wann brennt der Rost:
ganzjährig: dienstags bis freitags von 9.00 bis 17.00 Uhr

Heilbad Heiligenstadt

Standort (fürs Navi)
37308 Heilbad Heiligenstadt, Liesebühl 25

Imbiss „bei Stephan"

Es ist die Kraft der Natur, genauer die Kraft des Salzes, deswegen kommen Kurgäste hierher ins Heilbad und deswegen trägt die Stadt auch den Doppelnamen Heilbad Heiligenstadt (ohne Bindestrich). Die Sole wird aus über 500 Meter Tiefe nach oben geholt. Sie stärkt den Kreislauf, senkt den Blutdruck und macht Atemwege wieder frei. Noch keine gesicherten Erkenntnisse gibt es über die kombinierte Therapie Solebad und Bratwurstessen. Aber vielleicht können Sie ja dazu etwas beitragen...

Anfahrt:
B 80 Richtung Uder,
Ortsausgang Heiligenstadt links

Parkplatz: ja

WC: ja

Bratwurst bei Regen/ Schneefall:
gemütlich in der Imbissstube

Wer steht am Rost:
Doreen und Stephan Kruse

Rost brennt seit: 2010

Bratwurst: Handschuhmacher Feinkost Möhra

Gewürze: Salz, Pfeffer, Kümmel gemahlen

Holzkohle: nein (Lavastein)

Preis: 1,60 Euro (125 g)

Brötchen: Aufbackbrötchen

Senf/Ketchup: Born

Extras:
Currywurst, Buletten, Kartoffelsalat, täglich mindestens zwei frisch gekochte Suppen, Strammer Max;
alkoholfreie Getränke, Kaffee, Tee

Bratwurstessen und Entspannen:
Blick auf die Leine direkt vor der Haustür

Wohin mit der Bratwurstenergie:
Radtour durch das schöne Eichsfeld, Schwimmen im Vitalbad

Wann brennt der Rost: ganzjährig: montags bis freitags von 9.00 bis 18.00 Uhr, samstags von 9.00 bis 14.00 Uhr

Der Lavasteingrill - Rivale der Holzkohle?

Bei der Rostbratwurst macht der Thüringer keine Kompromisse. Das denkt er zumindest. Denn durch die Rostbratwurst und die Art ihrer Zubereitung will er sich von den Bratwurstbratern anderer Bundesländer unterscheiden und abgrenzen. Bei der Frage aber **Wie kommt die braune Färbung an die Wurst?** sind die Thüringer in letzter Zeit etwas nachlässig oder kompromissbereiter geworden. Neuerdings gibt es nämlich eine Alternative zur Holzkohle - die Lavasteine.

Der Lavasteingrill ist sauber. Er ermöglicht staub- und aschefreies Arbeiten für Imbissbetreiber, die unter ihrem Dach noch andere Speisen anbieten.

Der Lavasteingrill kann immer. Er ist sozusagen ein Dauerbrenner. Die Steine werden durch eine Gasflamme erhitzt. Ihre Wärme geben sie an die Würste weiter, ständig und gleichmäßig. Holzkohle erreicht nur für kurze Zeit ihren Idealzustand, der Lavagrill hat ständig die optimale Betriebstemperatur. **„Man hat rund um die Uhr die richtige Glut, die man bei Holzkohle immer dann erreicht, wenn man mit dem Grillen fertig ist"**, sagt Lavastein-Griller Stephan Kruse augenzwinkernd.

Der Lavasteingrill macht das Leben des Braters leichter. Er kennt keine Stichflammen, die abgelöscht werden müssen. Er spart seinem Betreiber Geld für Waschmittel und Körperpflege, denn weder Kleidung noch Haare duften streng nach Bratwurstrauch.

Der Lavasteingrill schafft Freizeit. Das Nachlegen der Holzkohle entfällt, genauso wie das Entsorgen der Asche. Auch fürs Reinigen des Rostes muss deutlich weniger Zeit aufgewendet werden.

Der Lavasteingrill macht keinen Unterschied. Seine Würste schmecken genauso wie die vom Holzkohlegrill. Das behauptet jedenfalls Stephan Kruse und verweist auf die Kunden, die noch nie etwas bemerkt hätten. Nur ab und an wundert sich mal jemand, dass er in einem geschlossenen Raum einen Holzkohlegrill betreiben kann.

Niedersachswerfen

Standort (fürs Navi)
99762 Niedersachswerfen, Nordhäuser Straße 17

Bratwurststand Ramwo

Es raucht in Niedersachswerfen, und zwar gewaltig. Die Dampfloks der Harzer Schmalspurbahn bringen Touristen in den Harz und wieder zurück. Gleich dreimal halten die Züge im Ort. Eher unscheinbar sind die Rauchschwaden am Bratwurststand von Heike Ramwo. Dafür riechen sie deutlich besser und sind äußerst appetitanregend.

Anfahrt: B 4 von Nordhausen kommend Richtung Ilfeld / Bad Harzburg, links

Parkplatz: ja

WC: ja

Bratwurst bei Regen/ Schneefall:
Vordach vom Stand oder in der Fleischerei

Wer steht am Rost:
Heike Ramwo

Rost brennt seit: 2005

Bratwurst: Fleischerei Brennecke Niedersachswerfen

Gewürze: Salz, Pfeffer, Kümmel gestoßen (körniger als gemahlen, aber nicht ganz), Majoran

Holzkohle: nein (Gas)

Preis: 1,50 Euro (120 g)

Brötchen: Aufbackbrötchen

Senf/Ketchup: Born

Extras: alkoholfreie Getränke, Kaffee, Bier

Bratwurstessen und Entspannen: Blick zum Harz

Wohin mit der Bratwurstenergie: Wanderung ins Naturschutzgebiet Mühlberg / Himmelberg

Wann brennt der Rost:
ganzjährig: montags bis freitags von 10.00 bis 17.00 Uhr

Sollstedt

Standort (fürs Navi)
99759 Sollstedt, Halle-Kasseler-Straße 87

Gaststätte-Pension „Jägerhof"

Haben Sie schon mal was vom sogenannten SIV gehört? Nein? Diese Wissenslücke muss Ihnen nicht peinlich sein, denn der SIV gehört nicht zur Allgemeinbildung. Es ist der sogenannte Soll-Ist-Vergleich. Klingt wie viele Wirtschaftsdinge etwas sperrig, lässt sich aber am Beispiel Sollstedt einfach erklären. Sie haben sich vorgenommen, in einer Woche fünf Bratwürste zu essen. Das ist Ihr Soll. Jetzt ist schon Freitag und Sie haben bislang nur zwei Würste geschafft. Das ist Ihr Ist. Wenn Sie Ihr Soll unbedingt schaffen wollen, dann sollten Sie jetzt loslegen, mit dem Bratwurstessen in Sollstedt.

Anfahrt:
A 38 Richtung Göttingen bis Abfahrt Bleicherode,
B 80 Richtung Leinefelde / Worbis, Ortsmitte rechts

Parkplatz: ja

WC: ja (Gaststätte)

Bratwurst bei Regen/ Schneefall:
Vordach vom Stand, eigener Regenschirm

Wer steht am Rost:
Renate Arnhold

Rost brennt seit: 2003

Bratwurst:
Fleischerei Müller Niederorschel

Holzkohle: nein (Gas)

Gewürze:
Salz, Pfeffer,
Kümmel gemahlen, etwas Majoran

Preis: 1,80 Euro (100 g)

Brötchen: Aufbackbrötchen

Senf/Ketchup: Born

Extras:
alkoholfreie und alkoholische Getränke

Bratwurstessen und Entspannen:
Blick zur Hainleite

Wohin mit der Bratwurstenergie:
Wanderung zur Hainleite oder in die Bleiceröder Berge

Wann brennt der Rost:
März bis November: täglich von 10.00 bis 14.00 Uhr

Frisch und roh - das A und O der Bratwursthygiene.

Eine rohe Bratwurst ist für den Thüringer so etwas wie ein rohes Ei. Ein rohes Ei kann herunterfallen, eine rohe Bratwurst anbrennen und schwarz werden. Beide sind dann ungenießbar und ein Fall für die Mülltonne. Doch wenn wir ehrlich sind, ist es bei der Bratwurst noch viel, viel schlimmer. Man muss vorsichtiger, umsichtiger und auch weitsichtiger sein. Eine Bratwurst wird nicht einfach so auf den Rost gelegt, ein paar Mal gewendet und dann gegessen, schon gar nicht beim **gewerbsmäßigen Inverkehrbringen**. Das ist jetzt nichts Unanständiges, sondern harmloses Beamtendeutsch. Wenn jemand eine Bratwurst **in Verkehr bringt**, dann brät er sie in der Öffentlichkeit und bietet sie anschließend zum Verkauf an.

Da man beim **gewerbsmäßigen Inverkehrbringen** eine ganze Menge falsch machen kann, ist der Thüringer Bratwurstbrater an ein strenges Regelwerk gebunden. Darin ist alles von A wie **Aufstellen des Rostes** bis zu Z wie **Zeigen Sie mir doch mal Ihre Wasch-**

möglichkeit aufgedröselt und vorgeschrieben. Autor des Regelwerkes und Kontrolleur zugleich sind die Veterinär- und Lebensmittelüberwachungsämter der Landkreise und kreisfreien Städte.

Für den Außenstehenden, den Bratwurstesser, bleibt die Welt der Bratwurstbratregeln fast immer im Verborgenen. Nehmen Sie sich die Zeit für die „Hygiene-Seiten" dieses Buches, und Sie werden Bratwurststände und Bratwurstbrater künftig mit ganz anderen Augen sehen.

Die wichtigste Vorschrift befasst sich mit der Aufbewahrung der Wurst:

- Bei rohen Bratwürsten darf eine Lagertemperatur von + 4 Grad Celsius nicht überschritten werden.
- Kurzfristig sind + 7 Grad Celsius möglich, wenn die Würste kurz danach auf den Rost kommen.
- Vorgebrühte Bratwürste dürfen etwas wärmer gelagert werden, bei maximal + 7 Grad Celsius.
- Bratwürste dürfen maximal einen Tag alt werden. Heute hergestellt, können sie nur morgen noch auf dem Rost liegen, entsprechende Lagerung vorausgesetzt.

Für die Bratwurststände neben Gaststätten oder Fleischereien ist diese „Regel" keine große Herausforderung. Sie alle haben große Kühlschränke, der Rost kann jederzeit mit Frischware nachbeliefert werden.

Weitaus schwieriger ist es für die „echten" Bratwurststände. Rost und Imbisswagen stehen oft „mitten in der Pampa" an einer Land- oder Bundesstraße - ohne Stromanschluss. Deswegen lässt sich hier diese einfache Faustformel anwenden: Brummt gleich nebenan im Straßengraben ein Stromaggregat (für die Kühlbox oder den Kühlschrank), dann liegen auf dem Rost rohe, frische Bratwürste und keine vorgebrühten.

Allgemein gilt: Im Sommer muss der Thüringer zusätzliche Energie für die Frische auf dem Rost aufwenden. Zwischen Dezember und März kann er meist auf die natürliche und umweltschonende Kühlung zurückgreifen, da die Winter seit Neuem wieder strenger und frostiger ausfallen.

Sondershausen

Standort (fürs Navi)
99706 Sondershausen, Hospitalstraße

Fleischerei Hörchner
Sondershausen (Hospitalstraße)

„Essen bis der Arzt kommt" könnte man doch denken bei einem Bratwurststand in der Hospitalstraße. Natürlich ist das leicht übertrieben. Andererseits, wenn's schmeckt, soll man nicht immer gleich an Ärzte und Gesundheit denken, sondern auch an die Lust am Essen und an das seelische Wohlbefinden.

Anfahrt:
von B 4 kommend -
Schachtstraße - Nordhäuser
Straße - Hospitalstraße

Parkplatz: ja

WC: nein

**Bratwurst bei Regen/
Schneefall:**
kleines Dach zum Unterstellen

Wer steht am Rost:
Dieter Krieg

Rost brennt seit: 2006

Bratwurst: eigene Herstellung

Gewürze: Salz, Pfeffer, Kümmel gemahlen

Holzkohle: ja

Preis: 1,50 Euro (150 g)

Brötchen: Aufbackbrötchen

Senf/Ketchup: Born

Extras:
Steaks, Römerbraten; Kaffee

Bratwurstessen und Entspannen:
Blick zum Frauenberg

Wohin mit der Bratwurstenergie:
Possen, Sondershäuser Schloss, Frauenberg besteigen

Wann brennt der Rost: ganzjährig
Sommerzeit: montags bis freitags von 8.00 bis 17.00 Uhr
Winterzeit: montags bis freitags von 8.00 bis 16.00 Uhr

Sondershausen

Standort (fürs Navi)
99706 Sondershausen, Martin-Andersen-Nexö-Straße 14

Fleischerei Hörchner
Sondershausen-Jecha

Ein schöneres Bratwurst-Kompliment gibt es eigentlich nicht: **"Seitdem Ihr Rost brennt und qualmt, wachsen meine Gartenpflanzen besser".** Gesagt hat das der Nachbar der Fleischerei. Jetzt wissen Sie auch, warum in Thüringer Vorgärten und Kleingartenanlagen so oft gegrillt wird. Nur wegen der Erdbeeren, Möhren und Tomaten.

Anfahrt: vom Zentrum kommend über die Jechastraße

Parkplatz: ja

WC: nein

Bratwurst bei Regen/Schneefall: Sitzplätze im Laden

Wer steht am Rost: Ines Strickrodt

Rost brennt seit: 2004

Bratwurst: eigene Herstellung

Gewürze: Salz, Pfeffer, Kümmel gemahlen

Holzkohle: ja

Preis: 1,50 Euro (150 g)

Brötchen: Aufbackbrötchen

Senf/Ketchup: Born

Extras:
Fleischerei mit Mittagsangebot; Wurstwaren alles Eigenproduktion, am Rost: Bratwurst, Steak, Schaschlik, Römerbraten, Käsewiener; alkoholfreie Getränke, Kaffee

Bratwurstessen und Entspannen: Blick auf Hainleite

Wohin mit der Bratwurstenergie: Possen, Sondershäuser Schloss

Wann brennt der Rost: ganzjährig
Sommerzeit: montags bis freitags von 8.00 bis 17.00 Uhr
Winterzeit: montags bis freitags von 8.00 bis 16.00 Uhr

Bad Langensalza

Bratstand „Fleischmarkt Aschara" am Kaufland

Standort (fürs Navi)
99947 Bad Langensalza, Lindenbühl 6-8

Seine Schwefelquellen (entdeckt 1811) haben Langensalza den Zunamen Bad (seit 1956) und viele Kurgäste beschert. Doch haben Sie schon mal gehört, dass Schwefel und Holzkohle zusammen Verwendung finden? Beide sind Bestandteil des Schwarzpulvers, das früher als Schießpulver verwendet wurde und heute meist in Feuerwerken zu finden ist. Und wenn Sie ein Feuerwerk der Bratwurstkunst erleben wollen, dann sind Sie beim Fleischmarkt Aschara genau richtig.

Anfahrt: in Bad Langensalza zunächst Richtung Gotha fahren, von Gothaer Straße rechts in Lindenbühl abbiegen

Parkplatz: ja

WC: ja (im Supermarkt)

Rost brennt seit: 1995

Bratwurst bei Regen/Schneefall:
Vordach vom Supermarkt

Wer steht am Rost:
Heike Wolfram, Sandy Piethe, Steffen Wohner

Bratwurst:
Fleischmarkt Aschara

Gewürze: Salz, Pfeffer, Kümmel gemahlen, Knoblauch, Majoran

Holzkohle: nein (Gas)

Brötchen: Backshop Kaufland

Senf/Ketchup: Born

Bratwurstessen und Entspannen:
Blick auf Altstadt
Bad Langensalza mit Stadtmauer

Wohin mit der Bratwurstenergie:
Bummel durch Innenstadt
Bad Langensalza

Wann brennt der Rost:
ganzjährig: montags bis samstags von 9.00 bis 20.00 Uhr

Das Thüringer Bratwurst ABC - von Ablöschen bis Zerplatzen.

Auch, wenn es nicht jedem Thüringer gefällt, die Bratwurst hat uns nach der Wiedervereinigung das Überleben gesichert, das Überleben im Bewusstsein des vereinten Deutschlands. **„Thüringen? Dort gibt's doch die leckeren Bratwürste, überall in den Innenstädten und an Landstraßen."** Das ist eine klare Zuordnung, eine klare Vorstellung. Bundesländer wie Nordrhein-Westfalen oder Sachsen-Anhalt beneiden uns darum. Was bitteschön ist typisch nordrhein-westfälisch oder sachsen-anhaltinisch. Der komische Doppelname? Der Bindestrich? Eine Landeshauptstadt, die keiner kennt? Was Nordrhein-Westfalen betrifft, seit dem westfälischen Frieden herrscht dort Frieden im Sinne von Ruhe. Und Sachsen-Anhalt? Die standen mal ganz oben in der deutschen Rangliste, hier residierten Könige und Kaiser. Das war vor rund 1.000 Jahren, heute spielt in Sachsen-Anhalt König Fußball in Liga 4 und darunter.

So gesehen haben wir Thüringer es richtig gut. Bei der Bratwurst geben wir Text und Ton an, und alle anderen Bundesländer singen artig nach. Dabei überhören sie aber, dass wir uns hin und wieder nicht im Gleichklang befinden - bei der Zubereitung der Wurst und bei den Fachausdrücken. Doch lesen Sie selbst.

Rohe Würste kommen vorher ins Wasserbad. Genau. Dadurch gelangt mehr Feuchtigkeit in den Darm, und es bildet sich eine Art Schutzfilm. Der Darm ist weniger hitzeanfällig, wird auf dem Rost nicht so schnell heiß und neigt weniger zum Zerplatzen. Geheimtipp von Bratwurstbrater Mathias Bonitz aus Reinhardsbrunn: statt in Wasser die Würste in Milch einlegen. Dadurch bekommen sie auf dem Rost eine gleichmäßig braune Färbung und sehen aus wie „Bratwurstmodels".

Einfetten der Grillstangen: Dafür verwenden wir ein Stück Speckschwarte. So garantieren wir, dass die Wurst beim Wenden nicht an den Grillstangen hängen bleibt.

Gutes vom Land aus einer Hand

FM Fleischmarkt GmbH Aschara
Gewerbegebiet Ost 9
99947 Bad Langensalza
Tel.: (0 36 03) 82 68 0
Fax: (0 36 03) 82 68 25

E-Mail: vertrieb@fm-aschara.de
Internet: www.beste-bratwurst.de

Unsere Filialen:

99947	**Aschara**
99947	**Bad Langensalza 3x**
99955	**Bad Tennstedt**
10319	**Berlin**
99958	**Burgtonna**
99831	**Creuzburg**
99713	**Ebeleben**
99817	**Eisenach 2x**
07607	**Eisenberg**
99084	**Erfurt 2x**
99867	**Gotha 2x**
99974	**Mühlhausen 2x**
99986	**Oberdorla (ab Juni 2011)**
99706	**Sondershausen**

Stand: März 2011

Auch hier gibt es unsere leckere Original Thüringer Rostbratwurst.

Forsthaus Thiemsburg
Gastronomie am Baumkronenpfad
im Nationalpark Hainich
99947 Schönstedt / OT Alterstedt
(Nähe Bad Langensalza)
Tel. : (0 36 03) 89 56 90
Fax: (0 36 03) 8 95 69 25
E-Mail: info@forsthaus-thiemsburg.de
Internet: www.fh-thiemsburg.de

www.beste-bratwurst.de

Vorbereitung der Bratwurst für den Rost: Bei der Herstellung der Bratwurst füllt der Fleischer den Schweine- oder Schafdarm mit Brät (Bratwurstrohmasse) und schneidet diesen nach 15 bis 20 Zentimetern einfach durch. Die Enden bleiben, wie sie sind, es kommt kein Schleifchen drum, auch kein Bindfaden, und zugetackert werden sie auch nicht. Das Brät könnte also **„herausquallern"**, wie wir sagen, wenn man die rohe Wurst in die Hand nehmen und kräftig zudrücken würde. Manche Thüringer neigen deshalb dazu, die Bratwurstenden zu drehen oder zu „schlenkern". Dann ist alles dicht, und kein Brät kann mehr entweichen. Sinn oder Unsinn dieser Aktion hat schon heiße Diskussionen ausgelöst. Manch Grillabend, der harmonisch begann, stand kurz vor dem Abbruch, noch bevor die erste Bratwurst auf dem Rost lag. Die Vorbehandlung der offenen Bratwurstenden, das Drehen bzw. Schlenkern... wie halten es unsere Experten, die Bratwurstbrater im Thüringer Bratwurstführer?

Auch sie sind sich nicht einig, und das quer durch alle Regionen. Allerdings überwiegen die **Ja-Sager**, die Befürworter von Drehen und Schlenkern. Zwei Drittel sagen **Ja**, ein Drittel sagt **Nein**.

Die Wurst kommt auf den Grill - quer oder längs (zu den Grillstangen)? Eine Kleinigkeit oder elementares Thüringer Bratverhalten? Auf jeden Fall gibt es keine klare Antwort. Möglicherweise ist es eine Frage des Geschmacks. Geschmack im Sinne von: In welchem Outfit soll die Bratwurst ins Brötchen kommen? Wer sie lieber gestreift mag, der legt sie quer auf den Rost. Wer eine gleichmäßigere Bräuntönung bevorzugt, der richtet sie entsprechend der Roststangen aus.

Und unsere Profis? Rund 50 Prozent bieten die Würste mit den aufregenden Streifen an. 40 Prozent bereiten sie längs zu, 10 Prozent braten in beiden Varianten.

Ablöschen. Auch hier geht anscheinend ein tiefer Riss durch die Thüringer Bratwurstgemeinde. Die einen sehen das Ablöschen als Hohe Schule des Bratens. Der „Grillmeister" hat immer ein Auge für den Rost und besonders für die Glut. Keine noch so kleine Flamme (entsteht meist, wenn Fett auf Holzkohle tropft) entgeht ihm. In Sekundenschnelle bringt er Löschflüssigkeit (Wasser oder Bier) zum Brandherd. Dafür nimmt er in Kauf, dass er jede Menge Asche aufwirbelt.

Und genau das ist das Hauptargument der Ablösch-Gegner. Holzkohleasche auf der Bratwurst, das will ja keiner. Auch das Argument, die Bratwurst bekäme durch das Besprühen mit Bier noch eine leichte Hopfennote, halten sie für frei erfunden. Natürlich liegt nach dem Ablöschen ein wunderbares Duftgemisch aus Brat- und Bieraromen in der Luft. Aber damit kann man höchstens die Nachbarn neidisch machen, die Wurst wird davon nicht profitieren.

Unter den Profibratern im Thüringer Bratwurstführer haben sich 60 Prozent strikt gegen das Ablöschen, egal, ob mit Wasser oder Bier, ausgesprochen. Sie sagen: „Störende Flammen entstehen nur, wenn die Glut nicht optimal, die Holzkohle zu heiß ist und die Wurst zu früh auf den Rost kommt." 20 Prozent gaben an, nur im Notfall löschend einzugreifen, also nur dann, wenn die Flammen gleich mehrere Würste bedrohen.

Das Vokabular. Was ist politisch korrekt? Wer „thüringentypisches" Bratverhalten einstudieren möchte, der wird bereits hier ins Stolpern geraten. Heißt es jetzt Braten, Grillen oder Rostern? Wenn Sie auf Nummer sicher gehen wollen, dann **braten** Sie Ihre Bratwurst. **Braten** hat das größte Verbreitungsgebiet und wird fast überall „verstanden": in den Landkreisen des Nordens, in Mittel-, West- und Südthüringen und teilweise auch im Osten des Landes.

Auch **Grillen** gehört zum erlaubten Vokabular und wird vorrangig in West- und Mittelthüringen gebraucht. In den Randgebieten des Nordens und Südens wird nur selten **gegrillt**. Und wenn Sie Richtung Osten vorstoßen, dann ist irgendwann mal Schluss mit **Grillen**. Östlich der Saale wird meist nur noch **gebraten**, noch weiter östlich, jenseits der A 9 (die Autobahn verläuft wie die Saale in Nord-Süd-Ausrichtung), kommen Sie langsam ins „Roster-Land". Spätestens ab Gera wird nur noch **„gerostert"**, und das weiter bis ins Altenburger Land. Wenn Sie hier in den Kreis der Einheimischen aufgenommen werden wollen, dann fangen Sie am besten bei der Bratwurstbestellung an: **„Eine Roster, bitte!"**

PS: Ganz vereinzelt taucht **Rostern** auch im Thüringer Norden auf, und das bei alteingesessenen Fleischerfamilien, die nichts von Vorfahren aus Ostthüringen wissen.

Steinthaleben

Bikeroase

Standort (fürs Navi)
06567 Steinthaleben, Forsthaus Rothenburg 2

Wie der Name schon andeutet, hier kann nachgetankt werden. Also nicht der leere Tank der Motorräder, sondern der leere Magen der Fahrer. Denn die B 85 mit ihren 36 Kyffhäuser-Kurven ist so etwas wie die Spaßstrecke der Zweiradpiloten. Aber warum Oase? Der Stand befindet sich ziemlich genau an der Landesgrenze zu Sachsen-Anhalt. Und wer von dort anrollt, kommt aus der „Versorgungswüste", was die Bratwurst betrifft.

Anfahrt: B 85 Richtung Kelbra, Landesgrenze Thüringen / Sachsen-Anhalt

Parkplatz: ja

WC: ja

Bratwurst bei Regen: überdachte Sitzbänke

Wer steht am Rost: Jutta Seibt

Rost brennt seit: 2005

Bratwurst: Fleischerei Schulz Göllingen

Gewürze: Salz, Pfeffer, Kümmel gemahlen, Majoran

Holzkohle: ja

Preis: 1,50 Euro (125 g)

Brötchen:
Bäckerei Bokrant Tilleda

Senf/Ketchup: Born

Extras: Soljanka, Erbsensuppe, Kartoffelsalat, Frikadellen - alles hausgemacht; Verkauf hausgeschlachteter Wurst Fleischerei Schulz; alkoholfreie Getränke, Kaffee, Eis

Bratwurstessen und Entspannen:
Blick Goldene Aue, Stausee Kelbra

Wohin mit der Bratwurstenergie:
Wanderung zum Kyffhäuser Denkmal, Turmbesteigung (247 Stufen)

Wann brennt der Rost:
Ostern bis Oktober - Bikersaison: täglich von 9.00 bis 19.00 Uhr
(bei starkem Regen geschlossen, kein Bikerwetter)

Steinthaleben

Grillstand am Kyffhäuser Denkmal

Standort (fürs Navi)
06567 Steinthaleben, Kyffhäuser

So so, Sie wollen eigentlich zum Kyffhäuser Denkmal und von dort ins Land schauen. Dann bedenken Sie bitte, dass es dort keinen Fahrstuhl gibt und Sie Kraft für 247 Stufen benötigen. Und was eignet sich dafür besser als ein original Thüringer Kraftspender. Doch übertreiben Sie nicht. Ein prall gefüllter Magen kann zum ernsthaften Hindernis beim Aufstieg werden. Die zweite Bratwurst können Sie ja auf dem Rückweg verzehren!

Anfahrt: B 85 Richtung Kelbra / Sachsen-Anhalt, Kyffhäuser Denkmal Parkplatz 2 (im Volksmund vorderer Parkplatz)

Parkplatz: ja

WC: öffentliche Toilette am Denkmal

Bratwurst bei Regen: Vordach vom Stand

Wer steht am Rost: Andreas Hagedorn

Rost brennt seit: 2006

Bratwurst: Fleischerei Schulz Göllingen

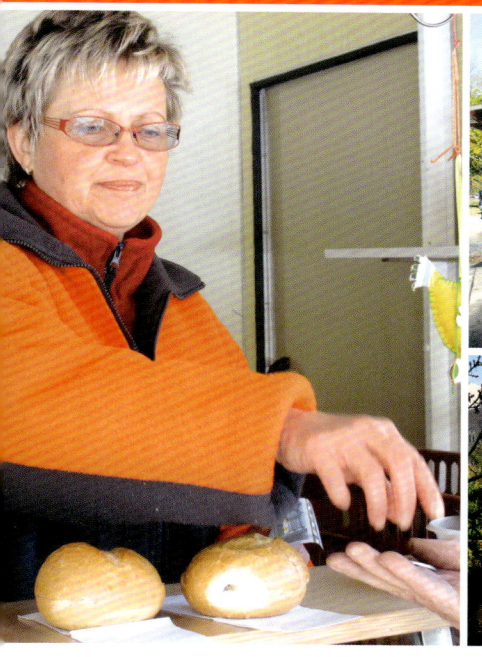

Gewürze:
Salz, Pfeffer,
Kümmel gemahlen, Majoran

Holzkohle: ja

Brötchen:
Bäckerei Bokrant Tilleda

Extras: Kartoffelsalat
hausgemacht, Spreewaldgurken;
alkoholfreie Getränke, Kaffee,
Cappuccino

Preis: 1,50 Euro (125 g)

Senf/Ketchup: Born, Bautz'ner

**Bratwurstessen
und Entspannen:**
Blick auf Buchenwälder,
hinter denen das Kyffhäuser
Denkmal hervorschaut

**Wohin mit der
Bratwurstenergie:**
Kyffhäuser Denkmal (247 Stufen)

Wann brennt der Rost: Ostern - Oktober (Bikersaison)
April/Mai und September/Oktober:
samstags, sonntags, feiertags von 10.30 bis 18.00 Uhr (in Ferien täglich)
Juni bis August: täglich von 10.30 bis 18.00 Uhr

Es ist das erste und einzige Museum weltweit, das sich explizit dem Thema Bratwurst widmet.

Das Museum beinhaltet eine ständige Ausstellung zu Geschichte, Tradition und kulturellem Stellenwert der Bratwurst im gesellschaftlichen Leben im Allgemeinen und der Thüringer Bratwurst im Besonderen. Alles rund um die Bratwurst hat hier seinen Platz. Vom Schwein, der Schlachtung bis zu den Geräten und Maschinen zur Bratwurstherstellung reichen die Ausstellungsstücke.

Öffnungszeiten: April - Oktober: Dienstag - Samstag
11.00 - 17.00 Uhr, Sonn- und Feiertage 11.00 - 17.00 Uhr

Oder jederzeit auf Voranmeldung!

**1. Deutsches Bratwurstmuseum
Freunde der Thüringer Bratwurst e.V.**
Hinter dem Gute 2 | 99310 Wachsenburggemeinde
OT Holzhausen
Telefon 0 36 28 - 60 44 12 | Fax 0 36 28 - 58 77 55
info@bratwurstmuseum.de | www.bratwurstmuseum.de

**„Wir kümmern uns
um die Vergangenheit,
denn sie hat Zukunft."**
(Freunde der Thüringer Bratwurst e.V.)

Der Verein „Freunde der Thüringer Bratwurst e.V." wurde am 18.02.2006 gegründet. Er ist Träger des 1. Deutschen Bratwurstmuseums und organisiert ein geselliges Vereinsleben rund um das Museum. Im Mittelpunkt der Arbeit des Vereines steht die Kultur- und Brauchtumspflege der Thüringer Bratwurst.

Mit dem Museumsfest im Frühjahr und der Bratwurstiade im Herbst veranstaltet der Verein jährlich zwei große Bratwurstfeste. Die Kontaktpflege zu Museen und Vereinen ähnlichen Charakters stehen ebenso auf dem Programm wie Wanderungen, Schlachtfeste, Vorträge, Seminare und kulturelle Veranstaltungen. Durch Teilnahme an regionalen und überregionalen Messen und Events wird für Thüringen und sein bekanntestes Produkt geworben.

Zum jährlichen Vereinsprogramm gehören Ausflüge, Wanderungen, Schlachtfeste und die Teilnahme an Festen und Veranstaltungen mit kulinarischem Bezug.

Apolda

Standort (fürs Navi)
99510 Apolda, Erfurter Straße 120

Ingrid's Schlemmergarten

Willkommen in Apolda. Wenn Sie als Besucher der Stadt nach dem ersten und besten Eindruck suchen, dann sollten Sie hier einen Bratwurststopp einlegen. Und wenn Sie Apolda in guter Erinnerung behalten wollen, dann wissen Sie ja bei der Abreise, wo Sie anhalten müssen. PS: Einpacken für unterwegs geht natürlich auch.

Anfahrt: von B 87 kommend Richtung Zentrum

Parkplatz: ja

WC: ja

Bratwurst bei Regen/Schneefall: Vordach vom Stand, überdachte Sitzbänke

Wer steht am Rost: Hubert Altenburg

Rost brennt seit: 1991

Bratwurst: Thüfleiwa Apolda

Gewürze: Salz, Pfeffer, Kümmel gemahlen

Holzkohle: ja

Preis: 1,80 Euro (150 g)

Brötchen: Bäckerei Beck Apolda und Bäckerei Hamdorf Bad Sulza

Senf: Born

Extras: Kartoffelsalat hausgemacht nach altem Thüringer Rezept (geheim); alkoholfreie Getränke, Apoldaer Bier für den Mann, Piccolo für die Frau, Kakao und Milch fürs Kind

Bratwurstessen und Entspannen: Imbissgarten hinterm Stand für die Schönwetter-Wurst

Wohin mit der Bratwurstenergie: „Bratwurstesser sind die besseren Liebhaber", behauptet Brater Hubert Altenburg. Naja, wenn die Kalorien unbedingt weg müssen...

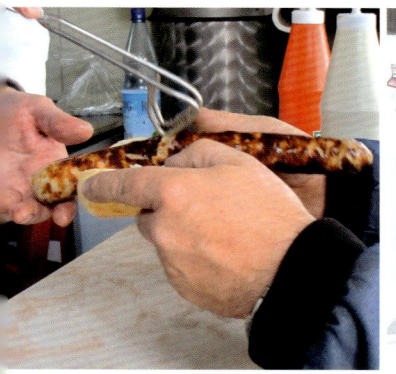

Wann brennt der Rost: ganzjährig (außer feiertags)
montags bis freitags von 10.00 bis 15.30 Uhr
samstags von 10.00 bis 14.30 Uhr

Erfurt

Standort (fürs Navi)
99084 Erfurt, Waagegasse 1

Faustfood

Fingerfood haben Sie bestimmt schon mal gehört, oder? Hier kann man das Besteck weglassen und stattdessen die Finger nehmen und keiner schaut einen komisch an. Aber Faustfood? Das Prinzip ist ähnlich. Man braucht alle fünf Finger, also **eine** Faust, um das Brötchen zusammen mit der Bratwurst zu halten und zu essen. Falls Sie aber **beide** Fäuste nehmen sollten, in der einen das Brötchen und in der anderen die Bratwurst - dann ist es sehr wahrscheinlich, dass Sie zumindest von den Einheimischen komisch angeschaut werden.

Anfahrt:
Die Anfahrt bis vors Haus ist möglich, aber nicht empfehlenswert. Sie befinden sich hier in der tiefsten Innenstadt, die wenigen Parkplätze sind für Anwohner reserviert. Nutzen Sie besser die Parkhäuser am Domplatz oder am Anger 1. Von dort gehen Sie zu Fuß. Wenn Sie den Wegweisern zur Alten Synagoge folgen, können Sie das Faustfood nicht verfehlen.

Parkplatz:
Parkhaus am Domplatz oder Anger 1

WC: ja

Wer steht am Rost:
Michael Lehmann

Rost brennt seit: 2008

Bratwurst:
Weimarer Wurstwaren Nohra

Gewürze:
Salz, Pfeffer,
Kümmel gemahlen und ganz

Holzkohle: ja

Preis: 1,90 Euro (120 g)

Brötchen: Aufbackbrötchen

Senf/Ketchup: Born

Extras:
Die komplette Speisekarte finden Sie unter www.faustfood.de.
Fahrradfahrer sind als „Drive-in-Gäste" willkommen. Für die Räder gibt es extra eine Abstellmöglichkeit im Haus.

Bratwurstessen und Entspannen:
gemütlich in der Gaststube oder vorm Haus mit Blick auf die Altstadt, im Sommer auch mit Tischen im Außenbereich

Wohin mit der Bratwurstenergie:
Bummel durch die Erfurter Innenstadt mit Krämerbrücke, Besuch der Synagoge gleich nebenan

Wann brennt der Rost: ganzjährig
dienstags bis samstags 11.00 bis 23.00 Uhr, sonntags 11.00 bis 19.00 Uhr

Der Grill für jeden Anlass.

Seit 2008 betreibt Michael Lehmann das „Faustfood". Er selbst sagt Inhouse Grill, man könnte es auch als Grill-Restaurant beschreiben. Auffällig ist der große Raum für Grill und Gäste, der sich mit der Geschichte des denkmalgeschützten Hauses erklären lässt. In den Etagen darüber wurden früher Waren deponiert. Die Fuhrwerke konnten durch die Tore bis ins Haus hinein fahren.

Herr Lehmann, wie entstand die Idee zum Faustfood? Bei einem Boxkampf, weil Sie Messer und Gabel nicht mögen, oder sind Sie beim Grillen zu oft vom Regen überrascht worden?

Michael Lehmann: „Die Idee stammt von meinem Geschäftspartner, einem Berliner. Er ist großer Fan der Thüringer Bratwurst und hat sich das Geschäftsmodell ausgedacht. Und da er mit Gastronomie nichts am Hut hatte, hat er mich gefragt. Er selbst hat sich um die „Unterkunft" gekümmert und ich habe den Grill zum „Laufen" gebracht."

Ihr Motto ist „Erleben Sie, wie vielfältig ein Schnellimbiss sein kann". Klingt nach Fastfood mit Niveau?

Michael Lehmann: „Stimmt. Höchste Priorität haben bei uns frische Produkte. In fünf bis zehn Minuten ist alles fertig gegrillt, dass es auch für die Mittagspause passt. Wir sprechen keine bestimmte Zielgruppe an, wir haben Bürogäste zum Mittag, abends Stammpublikum zum Fußballschauen oder sonntags Familien mit Kindern. Durch den barrierefreien Eingang kommen Kinderwagen gut rein!"

Andere Imbissanbieter mit großer Speisekarte greifen zum Gasgrill, Sie bleiben bei der Holzkohle. Ignorieren Sie das „Rauchverbot"?

Michael Lehmann: „Wir haben eine große Abzugsanlage, die schafft das problemlos. Nur bei Hochbetrieb wird's ein bisschen neblig bei uns".

Thüringer Stiftung für Bildung und Berufliche Qualifizierung

- Entwicklung nachhaltiger Bildungsprojekte
- Förderung der schulischen, beruflichen, kulturellen und politischen Bildung im In- und Ausland
- Unterstützung unserer Wirtschaftspartner bei Personalentwicklung und Fachkräftesicherung
- Förderung einer beständigen Verbindung und dem Wissenstransfer zwischen Schule und Wirtschaft

www.thueringer-stiftung.de

ERFURT Bildungszentrum Unternehmensverbund

Der ebz-Verbund ist der innovative Bildungs- und Personaldienstleister im technisch-gewerblichen Bereich in Thüringen! Unsere Angebote:

- Berufsausbildung
- Weiterbildung
- Aufstiegsbildung
- Personaldienstleistung
- Arbeitnehmerüberlassung
- Schülerprojekte

www.ebz-verbund.de

© Andrey Kiselev (Fotolia.de)

Apolda/Rödigsdorf

Standort (fürs Navi)
99510 Apolda/Rödigsdorf, Oberndorfer Straße

Thilos Imbiss

Rund um Rödigsdorf wächst die Bratwurst. Wie bitte, fragen Sie? Doch, der kleine Ort ist landwirtschaftlich geprägt, wie es so schön heißt. Und von dem vielen Grünzeug auf den Feldern bekommen auch die allesfressenden Schweine etwas ab. Und die wiederum landen später mal in der Bratwurst. Und wenn Sie jetzt mit einer Bratwurst in der Hand auf die Felder rund um Rödigsdorf blicken, dann schließt sich der Kreis, nicht wahr?

Anfahrt: B 87 von Weimar / A 4 kommend Richtung Apolda

Parkplatz: ja

WC: ja

Rost brennt seit: 2003

Bratwurst bei Regen/Schneefall:
kleine Gaststube

Wer steht am Rost:
Thilo Streuber

Bratwurst: Thüfleiwa Apolda

Gewürze:
Salz, Pfeffer, Kümmel gemahlen

Holzkohle: ja

Preis: 1,60 Euro (150 g)

Brötchen: Aufbackbrötchen

Senf/Ketchup: Born

Extras: Kartoffelsalat, Bratkartoffeln und Sülze, selbstgemachte Hackeklößchen, Suppen selbst gekocht, von März bis September immer mittwochs Leckeres aus der Gulaschkanone; Kaffee, Tee, Cola

Bratwurstessen und Entspannen:
Blick auf Felder Richtung Apolda

Wohin mit der Bratwurstenergie: Radweg Richtung Apolda, Ilmtalradweg

Wann brennt der Rost: ganzjährig
März bis Oktober: montags bis freitags von 8.00 bis 18.00 Uhr
samstags und feiertags von 10.00 bis 15.00 Uhr
November bis Februar: montags bis freitags von 8.00 bis 17.00 Uhr

Mobiler Bratwurststand

Mobiler Bratwurststand

Wenn Sie nicht zur Bratwurst kommen - aus welchen Gründen auch immer - dann kommt die Bratwurst eben zu Ihnen. Horst Marquardt ist jede Woche mit seinem mobilen Stand unterwegs, zwischen Saaletal und Thüringer Wald, auf Marktplätzen und vor Supermärkten. Genaue Angaben zu Standorten und Bratzeiten finden Sie auf der nächsten Seite.

Bratwurst bei Regen/ Schneefall: Vordach vom Stand

Wer steht am Rost: Horst Marquardt

Rost brennt seit: 1994

Bratwurst: Landfleischerei Dörnfeld

Gewürze: Salz, Pfeffer, Kümmel gemahlen, Koriander

Holzkohle: ja

Preis: 1,40 Euro (120 g)

Brötchen: Frischback Arnstadt

Senf/Ketchup: Born, Bautz'ner

Extras: Brätel; im Sommer alkoholfreie Getränke

Bratwurstessen und Entspannen: kleiner Plausch mit Horst Marquardt

Wohin mit der Bratwurstenergie: Reisen Sie Horst Marquardt hinterher und lernen Sie so die Region kennen.

Mobiler Bratwurststand

Wo brät Horst Marquardt?

Er ist eine Rarität unter Thüringens Bratwurstbratern, ein Unikat. Horst Marquardt mit seinem fahrbaren Bratwurststand. Er hat seine Kunden noch nie enttäuscht, er hat noch nie gefehlt und er ist noch nie zu spät gekommen. Besonders zur Winterzeit ist das eine Bratwurstbrater-Meisterleistung. Denn zwischen Rudolstadt im Saaletal und Großbreitenbach in Rennsteignähe liegen rund 400 Höhenmeter und 40 Kilometer Fahrt, auf denen er gewaltige Klimaunterschiede bewältigen muss. Während unten im Tal die Winterreifen leicht übertrieben wirken, kommt er oben auf der Höhe manchmal nur mit Schneeketten voran.

Horst Marquardt kommt also ganz bestimmt. Damit Sie ihn auch finden und garantiert nicht verpassen, gibt's hier den kompletten Wochenplan mit den Bratzeiten:

Montag: Rudolstadt, Markt von 9.00 bis 18.00 Uhr
Dienstag: Großbreitenbach, Markt von 9.00 bis 13.00 Uhr,
dann Rudolstadt, Schwarzburger Chaussee
(Ankerwerks Kreuzung, Lidl Markt) von 15.00 bis 18.00 Uhr
Mittwoch: Rudolstadt, Markt von 9.00 bis 17.00 Uhr
Donnerstag: Königsee, Bahnhofstraße
(Gelände Firma Otto Bock) von 9.00 bis 13.00 Uhr,
dann Königsee, Unteres Lommel (Nettomarkt) von 16.00 bis 20.00 Uhr
Freitag: Königsee, Markt von 9.00 bis 13.00 Uhr,
dann Rudolstadt, Schwarzburger Chaussee
(Ankerwerks Kreuzung, Lidl Markt) von 16.00 bis 18.00 Uhr
Samstag: Rudolstadt, Markt von 9.00 bis 14.00 Uhr

Standorte:
98701 Großbreitenbach, Markt
07426 Königsee, Markt
07426 Königsee, Bahnhofstraße (Gelände Firma Otto Bock),
07426 Königsee, Unteres Lommel (Gehrener Straße, Netto Markt)
07407 Rudolstadt, Markt
07407 Rudolstadt, Schwarzburger Chaussee 59-61,
(Ankerwerks Kreuzung, Lidl Markt)

Die Geschichte zum Grill

wurstfan
merchandising & more

Fanartikel rund um die leckerste Sache der Welt:

- T-Shirts
- Caps & Mützen
- Schürzen
- Beutel & Taschen
- Literatur
- Veranstaltungen
- Geschenkartikel
- u.v.m.

Wenn's um die Wurst geht

www.wurstfan.com

Bad Berka

Standort (fürs Navi)
99438 Bad Berka, Weimarische Straße

Bratwurststand Bad Berka

Hier wird die Bratwurst gefeiert, und zwar im Festzelt. Ist auch kein Wunder, wenn der Standbetreiber mit Nachnamen Kirmse heißt. Kirmse sagt der Thüringer im vertrauten Kreis, wenn er über die Kirmesfeier redet. Und beim Feiern darf die Bratwurst natürlich nicht fehlen.

Anfahrt: B 85 Richtung Rudolstadt, Ortseingang links

Parkplatz: ja

WC: Toilettenkabine

Bratwurst bei Regen/Schneefall:
gemütlich im Zelt

Wer steht am Rost:
Mario Kirmse

Rost brennt seit: 1990

Bratwurst:
Weimarer Wurstwaren Nohra

Gewürze: Salz, Pfeffer, Kümmel gemahlen und ganz

Holzkohle: ja

Preis: 1,80 Euro (150 g)

Brötchen: verschiedene Bäcker

Senf/Ketchup: Bautz'ner

Extras: Buletten und Kartoffelsalat selbstgemacht, Brätel, Currywurst, Pommes frites; alkoholfreie Getränke, Kaffee, Tee

Bratwurstessen und Entspannen: Blick auf Bad Berka und Paulinenturm

Wohin mit der Bratwurstenergie: Aufstieg zum Paulinenturm

Wann brennt der Rost:
ganzjährig: montags bis freitags von 9.00 bis 18.00 Uhr

Weimar

Standort (fürs Navi)
99423 Weimar, Markt

Bratwurstbude Trommler

Hier in Weimar kann es schon mal vorkommen, dass jemand am Bratwurststand vorbei kommt, den man kennt oder den alle kennen. Die Musiker Udo Lindenberg, Ute Freudenberg oder auch mal der Bundeskanzler. Ist ja ganz normal in der Stadt der berühmten Leute. Hätte man damals, so um 1800, schon öffentlich Bratwurst gebraten, dann wären bestimmt auch die beiden Dichter vorbeigekommen, also der Goethe und der Schiller. Und Thüringer Schüler würden heute die **„Ode an die Bratwurst"** lernen.

Anfahrt:
Richtung Zentrum / Rathaus über Ackerwand oder Marstallstraße

Parkplatz: ja (gebührenpflichtig)

WC: ja (öffentlich hinter Ratskeller)

**Bratwurst bei Regen/
Schneefall:** Vordach vom Stand, Eingang Rathaus

Wer steht am Rost:
Frank Trommler

Rost brennt seit: 1993

Bratwurst:
Fleischerei Schnabel Weimar

Gewürze:
Salz, Pfeffer, Kümmel ganz

Holzkohle: ja

Preis: 1,80 Euro (130 g)

Extras:
Brätel; alkoholfreie
Getränke

Brötchen:
Bäckerei Reichenbach Weimar

Senf/Ketchup: Born

**Bratwurstessen
und Entspannen:**
Bummel über den Wochenmarkt

**Wohin mit der
Bratwurstenergie:**
Spaziergang zum Goethe / Schiller-
haus, Schloss, Park an der Ilm

Wann brennt der Rost: ganzjährig
montags bis samstags von 10.00 bis 16.00 Uhr
jeden dritten Sonntag von 10.00 bis ca. 17.00 Uhr
(im Wechsel mit weiteren Bratwurstständen auf dem Markt)

Schau mal, wer da isst!

So richtig überraschend kam der Besuch von Gerhard Schröder nicht. Die Thüringer SPD hatte den Bundeskanzler schon vorher angemeldet - so richtig mit Vorbestellung, damit auch ja eine Wurst auf dem Rost liegt, und nicht zu schwarz. Muss er ja nicht an jeder Ecke merken, dass er im Thüringen des Jahres 1999 im CDU-Land ist.

Frank Trommler: „Es war unglaublich. Da kam ein riesiger Menschentross auf mich zu. Ein Haufen Reporter. Und dann hat er seine Wurst gekriegt. Das Lustigste war, dass er sich mit Senf bekleckert hat. Und einer von der SPD hat ihn hier oben abgewischt (zeigt auf eine Stelle unter dem Kragen und lacht). Hat er nicht mal selber gemacht."

Wir wollen gern noch mehr nette kleine Details wissen. Also bitte ganz von vorn. Als der ganze Tross auf Sie zurollte, wussten Sie da schon, einer von denen muss der Kanzler sein?

Frank Trommler: „Ja, und dann hab' ich ja gesehen, dass er ganz schön klein ist, ne. Ja als Bundeskanzler, also, hätte ich mir größer vorgestellt."

Und der Herr Schröder? Hat er wenigstens selber bestellt?

Frank Trommler: „Nein. Das hat auch die Thüringer SPD gemacht. Er macht das doch nicht selber."

Auch ein Kanzler-Wort zur Bratwurst, ein Geschmacks-Feedback, gab es nicht, obwohl er etwa fünf bis sieben Minuten am Stand war. Legen wir es positiv aus und erinnern daran, dass auch ein Bundeskanzler nicht mit vollem Mund spricht und bestimmt gleich zum nächsten Termin musste.

Auch Udo Lindenberg war schon mal da, heimlich, still und leise. Als Stammgast im Hotel Elephant gegenüber kam er mal rüber gehuscht. Hat sich artig in die Schlange eingereiht und auch selbst bestellt.

Frank Trommler: „Das war während eines Weihnachtsmarktes. Ich hab ihn gar nicht erkannt, weil ich viel zu tun hatte mit dem Braten. Da guckt man ja auf seinen Rost. Und da sagt nur jemand zu mir: Udo hat gerade bei dir gegessen."

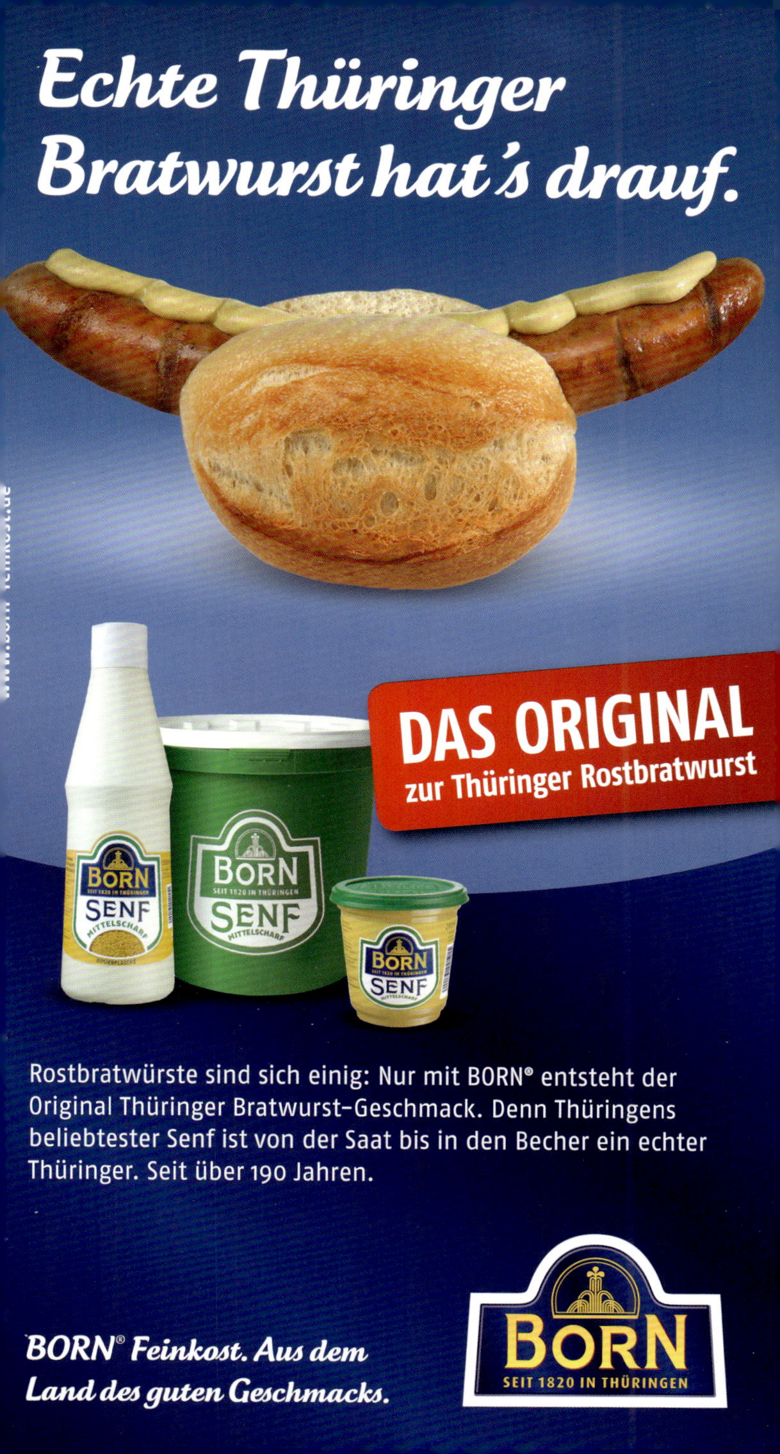
Echte Thüringer
Bratwurst hat's drauf.
DAS ORIGINAL
zur Thüringer Rostbratwurst
BORN
SEIT 1820 IN THÜRINGEN
SENF
MITTELSCHARF
Rostbratwürste sind sich einig: Nur mit BORN® entsteht der Original Thüringer Bratwurst-Geschmack. Denn Thüringens beliebtester Senf ist von der Saat bis in den Becher ein echter Thüringer. Seit über 190 Jahren.
BORN® Feinkost. Aus dem
Land des guten Geschmacks.
BORN
SEIT 1820 IN THÜRINGEN

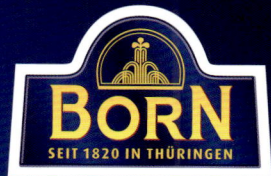

Bad Blankenburg

Standort (fürs Navi)
07422 Bad Blankenburg, Schwarzburger Straße

Imbiss „Am Wasserfall"

Hier gibt's Bratwurst mit Wohlfühlfaktor. Gleich hinterm Stand rauscht das Wasser der Schwarza. Der Blick auf die Wälder des Schwarzatals bietet Entspannung ohne Preisaufschlag. Wenn die Mittagspause mal etwas länger dauern darf...

Anfahrt:
von B 85 / B 88 kommend Richtung Schwarzburg / Oberweißbach, vor Ortsausgang links

Parkplatz: ja

WC: ja

Bratwurst bei Regen/Schneefall:
überdachte Sitzplätze, Hütte

Wer steht am Rost:
Beatrix Ludwig und Holger Haensgen

Rost brennt seit: 2005

Bratwurst:
Original Thüringer Wurstwaren Bestes aus Triptis

Gewürze:
Salz, Pfeffer, Kümmel gemahlen und ganz

Holzkohle: ja

Preis:
1,60 Euro (130 g),
1,80 Euro (150 g)

Brötchen:
Bäckerei Heinze Königsee

Senf/Ketchup: Born

Extras:
Thüringer Wurstwaren, geräucherte Forelle, selbstgemachter Kartoffelsalat; alkoholfreie Getränke, Glühwein

Bratwurstessen und Entspannen:
Schwarzatal mit Wasserfall

Wohin mit der Bratwurstenergie:
Wanderweg durchs Schwarzatal, Burg Greifenstein, Schloss Schwarzburg

Wann brennt der Rost:
ganzjährig: dienstags bis sonntags von 10.00 bis 18.00 Uhr

Gamstädt

Standort (fürs Navi)
99192 Gamstädt, Landstraße (B 7, P neben ehemaliger Schule)

Anett's Raststation

Ehrlich gesagt, hier ist es wirklich nett. Standinhaberin Anett Ehrlich hält, was ihr Name verspricht. Und da es auf der B 7 zwischen Erfurt und Gotha meist nur geradeaus geht, sollten Sie zur Abwechslung mal einen „Wurstabbieger" fahren.

Anfahrt: B 7 Richtung Gotha, nach Ortseingang rechts

Parkplatz: ja

WC: Toilettenkabine

Bratwurst bei Regen/ Schneefall:
überdachte Sitzbank, Vordach vom Stand

Wer steht am Rost:
Anett Ehrlich

Rost brennt seit: 2009

Bratwurst:
Fleischmarkt Aschara

Gewürze:
Salz, Pfeffer, Kümmel gemahlen, Knoblauch, Majoran

Holzkohle: ja

Preis:
1,60 Euro (130 g),
2,00 Euro (150 g)

Brötchen:
Bäckerei Ingersleben

Senf/Ketchup: Born

Extras: Frühstück: belegte Brötchen, Strammer Max, Rühreier mit Speck, Salatschale mit Dressing, Kartoffel-, Nudelsalat, Bulette, Schnitzel, kleine Gulaschkanone; alkoholfreie Getränke, Kaffee, Tee, Glühwein

Bratwurstessen und Entspannen: Blick auf die Felder rund um Gamstädt - Grün beruhigt das Auge!

Wohin mit der Bratwurstenergie:
Spaziergang durch Gamstädt

Wann brennt der Rost: ganzjährig (außer feiertags) montags bis freitags von 8.00 bis 17.00 Uhr (bei strengem Frost geschlossen)

Friedrichroda, Reinhardsbrunn

Bratstand Reinhardsbrunn

Standort (fürs Navi)
99894 Friedrichroda, Reinhardsbrunn

Von wegen die Bratwurst hat so viele Kalorien. Mathias Bonitz bietet Ihnen leichte Kost - Bratwurst und Unterhaltung. Immer gut gelaunt versorgt er Sie mit lockeren Sprüchen und Anekdoten. Sein Markenzeichen: das Kopftuch, das Bratwurstpiratentuch.

Anfahrt: Landstraße zwischen Friedrichroda und Schnepfenthal (L 1026), Einfahrt zum Gondelteich Reinhardsbrunn (für Insider: hier stand früher das Parkhotel); Alternativ: Straßenbahnhaltestelle „Reinhardsbrunner Teiche"

Parkplatz: ja

WC: am Gondelteich, 200 m Fußweg

Bratwurst bei Regen/Schneefall:
eigener Regenschirm

Wer steht am Rost:
Mathias Bonitz

Rost brennt seit: 1994

Bratwurst: Fleischerei Oschmann Finsterbergen

Holzkohle: ja

Gewürze:
Salz, Pfeffer,
Kümmel gemahlen

Preis: 1,50 Euro (125 g)

Brötchen:
Bäckerei Stamm Waltershausen

Senf: Born

Extras: Brätel;
alkoholfreie Getränke

**Bratwurstessen
und Entspannen:**
Gondelteich Reinhardsbrunn

**Wohin mit der
Bratwurstenergie:** Marienglashöhle Friedrichroda, Inselsberg

Wann brennt der Rost: ganzjährig
April bis September: täglich von 9.30 bis 17.00 Uhr
Oktober bis März: täglich von 9.30 bis 15.00 Uhr
(während des Urlaubs kommt der Vertretungsbrater)

Friedrichroda, Reinhardsbrunn

Der Bratwurstesser aus New York.

Das hat kein anderer Bratwurststand in Thüringen: einen Stammgast aus Übersee, aus New York. Adolf Hasen (geb. 1934 in Gotha, wohnt seit 1975 in den USA und ist mit einer US-Amerikanerin verheiratet) macht jedes Jahr zwei Monate Urlaub im benachbarten Tabarz. Er besucht die Heimat, die Kinder und täglich seinen Lieblingsbratwurststand - acht Wochen lang.

Eine Wurst ist Pflicht, meist reicht der Appetit für eine zweite. „Man braucht einen guten Grill, eine gute Wurst und einen guten Brater. Alles zusammen findet man in New York nicht. Es gibt zwar Holzkohle zu kaufen, man könnte die Würste eingeschweißt mitnehmen, aber das ist nicht dasselbe".

Während der Bratwurstminuten reden Mathias und Adolf Deutsch, übers Geschäft, Wetter und Frauen. Kleine Nettigkeiten werden auch per E-Mail ausgetauscht. So flattern Fotos von Wurst oder Stand aus Reinhardsbrunn auf den Bildschirm in New York. Nett gemeint, doch Adolf Hasen leidet dann nur still vor sich hin und zählt die Tage bis zum nächsten Thüringenurlaub.

Einzige Alternative zum BORN® Senf:
BORN® Tomaten-Ketchup.

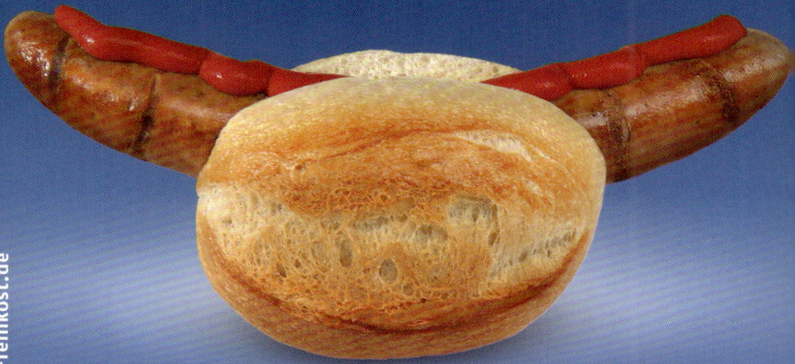

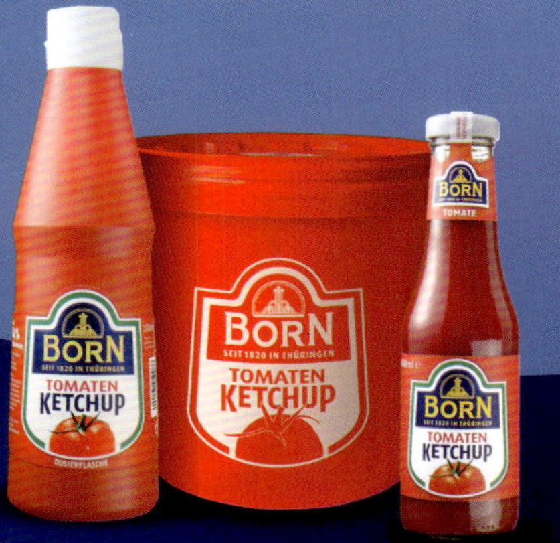

www.born-feinkost.de

Mit 84% Tomatenmark.
Hergestellt in Thüringen.

Rostbratwürste sind sich einig: Wenn schon Ketchup, dann nur den unvergleichlich fruchtigen BORN® Tomaten-Ketchup. Denn nur mit BORN® entsteht der Original Thüringer Bratwurst-Geschmack.

BORN® Feinkost. Aus dem Land des guten Geschmacks.

Gehlberg, Schmücke

Standort (fürs Navi)
98559 Gehlberg, Schmücke

Biergarten Schmücke

Wer auch immer der Schmücke ihren Namen gegeben hat, er muss ein großer Fan von rauer Schönheit gewesen sein. Sie schmückt sich nämlich vorzugsweise mit langen, kalten Wintern, verschneiten Fichten, mit Nebel, Regen und wenigen Sonnentagen. Seit einigen Jahren aber gibt es hier ein Schmuckstück, das alle begeistern dürfte - den Bratwurststand. Gelegen auf 916 Metern Höhe ist er zugleich der höchste in Thüringen.

Anfahrt: A 71 Richtung Schweinfurt bis Abfahrt Gräfenroda, Landstraße Richtung Gehlberg / Schmücke

Parkplatz: ja

WC: ja (in Gaststätte)

Bratwurst bei Regen/ Schneefall: Vordach vom Stand, überdachte Sitzbänke, Schirmbar (überdacht und beheizt)

Rost brennt seit: 2003

Holzkohle: ja

Wer steht am Rost:
Monika Schleusener

Bratwurst: Fleischerei Heyder-Burmeister Gehlberg

Gewürze: Salz, Pfeffer, Kümmel gemahlen, Knoblauch

Preis: 2,00 Euro (125 g)

Brötchen:
Bäckerei Scheidig Zella-Mehlis

Senf/Ketchup: Born

Extras:
Brätel, Suppe, überbackene Baguettes, Kartoffelsalat, belegte Brötchen, Leberkäse; Getränke in Schirmbar

Bratwurstessen und Entspannen:
Blick ins Tal Richtung Manebach / Stützerbach

Wohin mit der Bratwurstenergie:
Spielplatz, Skilift, Rodelhang, Wanderung Rennsteig

Wann brennt der Rost: ganzjährig, April bis Oktober und Dezember bis Februar: täglich von 10.00 bis 18.00 Uhr November/März: samstags/sonntags von 10.00 bis 18.00 Uhr

Gehren

Standort (fürs Navi)
98708 Gehren, Amtsstraße 11

Gehren, Möller's nahkauf

Über sein erstes Leben redet der Bratwurststand Gehren nicht besonders gern. Da war er nämlich Vegetarier und brachte Obst und Gemüse unters Volk. Doch da die Gehrener auch die Wurst sehr begehren, fiel der Sinneswandel nicht besonders schwer. Obst und Gemüse zogen aus, der Rost samt Bratwürste ein und Gehren hatte einen neuen Mittel- und Treffpunkt.

Anfahrt: Landstraße Richtung Großbreitenbach / Katzhütte, Möller`s nahkauf

Parkplatz: ja

WC: nein

Rost brennt seit: 1993

Bratwurst bei Regen/Schneefall:
Vordach vom Stand

Wer steht am Rost:
Sabine Zeiler

Bratwurst:
Möller´s nahkauf & Metzgerei

Gewürze:
Salz, Pfeffer, Knoblauch,
(kein Kümmel)

Holzkohle: ja

Preis: 1,30 Euro (110 g)

Brötchen: Aufbackbrötchen

Senf/Ketchup: Born

Extras: Mittagsmenü;
alkoholfreie Getränke, Kaffee, Tee

**Bratwurstessen
und Entspannen:**
Blick auf Schlossruine Gehren

**Wohin mit der
Bratwurstenergie:**
Schobsetal, Wanderung zum
Höhenrücken Langer Berg

Wann brennt der Rost:
ganzjährig: montags bis freitags von 8.00 bis 14.00 Uhr

Der Hüter der Thüringer Rostbratwurst.

Der „Herkunftsverband Thüringer und Eichsfelder Wurst und Fleisch e.V." (HTW) ist ein freiwilliger Zusammenschluss von Herstellern Thüringer Wurstspezialitäten. Sein Anliegen sind der geografische Schutz, das geschlossene Auftreten der Hersteller und die Imagepflege der traditionell hergestellten Produkte. Um dies auch für die Verbraucher auf der Verpackung sichtbar zu machen, wurde 2006 ein entsprechendes Logo ins Leben gerufen, die Dachmarke „Thüringer Original". HTW-Geschäftsführer ist Uwe Keith, zugleich Vorsitzender des Vereins „Freunde der Thüringer Bratwurst e.V." und damit Thüringens führender Bratwurstexperte:

Herr Keith, womit verbringt der HTW-Geschäftsführer seinen Arbeitstag?
Der HTW hat zwei große Arbeitsfelder. Das größere und auch zeitintensivere beinhaltet Medienarbeit und Marketing. Dazu zählt unter anderem die Vorbereitung der „Rostkultur" auf dem Erfurter

Domplatz als jährliche Veranstaltung des Verbandes. Das zweite Geschäftsfeld ist der Produktschutz. Wir beobachten den Markt, vorwiegend durchs Internet. Aber auch Informanten geben uns Hinweise zu Produktfälschungen und Plagiaten. Sehen wir, dass Fälscher oder Trittbrettfahrer am Werk sind, wird entsprechend abgemahnt. 2010 waren es zehn Händler.

Vielleicht ein Beispiel?
Geschützt ist auch der Name „Thüringer Rostbratwurst". Wenn ein Imbissbudenbetreiber ganz groß **„Thüringer"** dran schreibt und darüber in sehr kleiner Schrift **„Wir können es besser als die"**, dann erfüllt das den Tatbestand der Anmutung. Hier wird versucht, die Thüringer Rostbratwurst durch Umschreibung nachzuahmen.

Wie werden Sie dann aktiv?
Die Händler werden angeschrieben und gebeten, uns ihren Lieferanten zu nennen. Wir telefonieren mit dem Lieferanten, der müsste ja eines unserer Mitglieder sein. Wenn die Lieferbeziehung nicht nachgewiesen werden kann, liegt der Verdacht recht nah, dass es sich um Plagiate handelt. Wir mahnen dann ab und erheben eine Mahngebühr. Wird diese nicht gezahlt, wird Klage erhoben.

Die Dachmarke „Thüringer Original" baut auf dem EU-Siegel „geografisch geschützte Angabe" - kurz g.g.A. - auf. Reicht ein Siegel nicht?
Das g.g.A.-Siegel sagt ja nur aus, dass es eine geografisch geschützte Angabe ist, aber nicht, wo der Herkunftsort ist. Uns ging es bei der Dachmarke darum, den Thüringer Kontext mit einzufangen. In unserem Siegel haben wir beides verankert. Und mit **„Hergestellt nach überlieferter Rezeptur"** wird auch der historische Bezug eingebracht.

Wann darf ein in Thüringen produzierender Fleischer sich mit dem Logo „Thüringer Original" schmücken?
Er muss zunächst die Vorgaben der g.g.A.-Spezifikation erfüllen. Und er muss Mitglied der Thüringer Fleischerinnungen sein, da zwischen uns und den Innungen ein entsprechender Vertrag über die Verwendung der Dachmarke besteht.

Gräfentonna

Standort (fürs Navi)
99958 Gräfentonna, Erfurter Straße

Heike's Grill

Vom gräflichen Glanz ist in Gräfentonna nicht viel geblieben. Selbst als Gefängnis war das alte Schloss nicht mehr zu gebrauchen, dafür gibt es jetzt eine moderne Justizvollzugsanstalt. Aber vielleicht handeln Sie ja traditionsbewusst und sehen sich als „Gefangenen" der Bratwurst. Ein gutes Argument, mal eine mehr zu essen.

Anfahrt:
B 176 Richtung
Bad Langensalza, gleich am
Ortseingang rechts

Parkplatz: ja

WC: Toilettenkabine

**Bratwurst bei Regen/
Schneefall:**
Imbisshütte beheizt mit
Stehtischen

Wer steht am Rost:
Heike Heller

Rost brennt seit: 2004

Bratwurst:
Fleischmarkt Aschara

Gewürze:
Salz, Pfeffer, Kümmel gemahlen,
Knoblauch, Majoran

Holzkohle: ja

Preis: 1,40 Euro (100 g)

Brötchen:
Bäckerei Harthauß Burgtonna

Senf/Ketchup: Born

Extras: Einzigartig sind
Heike Hellers Brätel nach
altem Haus- / Geheimrezept:
sehr zart, grob gemahlener
Pfeffer, kein Knorpel, nichts
Fettiges.
Empfehlenswert auch das
Jägerschnitzel (Jagdwurst),
auf dem Rost gebraten.
Vom Hofladen Braun aus
Herbsleben gibt's
hausgeschlachtete Wurst,
Kartoffeln und frische Eier.
Außerdem: warme und kalte
Getränke.

**Bratwurstessen
und Entspannen:**
nette Unterhaltung mit den
Stammgästen

**Wohin mit der
Bratwurstenergie:**
Spaziergang durch Gräfentonna

Wann brennt der Rost:
ganzjährig: montags bis freitags von 8.00 bis 18.00 Uhr

Bachra

Standort (fürs Navi)
99636 Bachra, Hauptstraße 44 (am Bahnhof)

Holzmichel's Grillplatz

Das kleine Bachra liegt am Südrand der Finne. Und **die Finne** ist auch völlig korrekt, denn es geht hier nicht um die Finnin, die Einwohnerin von Finnland, sondern um einen kleinen Höhenzug, der geradeso über 350 Meter kommt. Raues Polarklima und klirrende Kälte müssen Sie hier also nicht befürchten. Wem es im Winterhalbjahr trotzdem zu kalt wird, der wärmt sich am Bratwurstrost.

Anfahrt:
B 176 von Kölleda kommend Richtung Freyburg / Unstrut

Parkplatz: ja

WC: ja

Bratwurst bei Regen/ Schneefall:
Grillhütte mit Sitzplätzen

Wer steht am Rost:
Hartmut Becke

Rost brennt seit: 2005

Bratwurst:
Weimarer Wurstwaren Nohra

Gewürze:
Salz, Pfeffer, Kümmel gemahlen und ganz

Holzkohle: ja

Preis: 1,50 Euro (120 g)

Brötchen:
Bäckerei Wünscher Ostramondra

Senf/Ketchup: Born

Extras:
alkoholfreie Getränke, Kaffee, Tee

Bratwurstessen und Entspannen:
Blick auf historischen Wasserturm, saniertes Bahnhofsgebäude

Wohin mit der Bratwurstenergie:
Modellbahn Wiehe, Erlebnispark Memleben, Himmelsscheibe Nebra

Wann brennt der Rost:
ganzjährig: montags bis freitags von 11.00 bis 19.00 Uhr

Kannawurf

Rasthof „Thüringer Pforte"

Standort (fürs Navi)
06578 Kannawurf, Fernverkehrsstraße 235

Kennen Sie die Thüringer Pforte? Nein? Wenn Sie aus Richtung Artern nach Kannawurf gekommen sind, dann haben Sie bei Sachsenburg die Unstrut überquert und vielleicht die zwei Burgen oben auf dem Berg bemerkt. Genau dort ist die Thüringer Pforte. Früher musste man hier anklopfen und die Burgherren haben den Reisenden Zoll und anderes abgeknöpft. Heute ist Thüringen wesentlich touristenfreundlicher. Man fährt einfach über die Landesgrenze und gleich hinter der Eingangstür gibt's frische Bratwurst als Begrüßungsessen!

Anfahrt: B 86 von Weißensee kommend Richtung Artern

Parkplatz: ja

WC: ja

Bratwurst bei Regen/Schneefall: Gaststube

Wer steht am Rost: Heidemarie Herrmann

Rost brennt seit: 2004

Bratwurst: Landfleischerei Holzapfel Oldisleben

Gewürze: Salz, Pfeffer, Kümmel gemahlen und ganz

Holzkohle: nein (Lavastein)

Preis: 1,50 Euro (130 g)

Brötchen: Aufbackbrötchen

Senf/Ketchup: Born

Extras: Fish & Chips mit selbstgemachter Remoulade, hausgemachter Kartoffelsalat, Soljanka, Buletten; alkoholfreie Getränke

Bratwurstessen und Entspannen: Blick ins Grüne oder zum Schloss Kannawurf

Wohin mit der Bratwurstenergie: Besichtigung Schloss Kannawurf

Wann brennt der Rost: ganzjährig (kein Ruhetag)
April bis Oktober: montags bis freitags von 10.00 bis 20.00 Uhr
samstags/sonntags von 15.00 bis 20.00 Uhr
November bis März: montags bis freitags von 14.00 bis 20.00 Uhr
samstags/sonntags von 15.00 bis 20.00 Uhr

Gebesee

Standort (fürs Navi)
99189 Gebesee, Erfurter Straße

Center Grill

Hier in der Nähe sollen sie sich getroffen haben: unsere Thüringer Vorfahren, um über die wichtigen Dinge des Lebens und des Alltags zu reden und um Recht zu sprechen, beim sogenannten Landding auf der Tretteburg. Vom alten Versammlungsort aber ist weit und breit nichts mehr zu sehen. Ist auch nicht so schlimm. Sich versammeln, reden und auch essen kann man ja trotzdem noch - am Center Grill.

Anfahrt:
B 4 Richtung Sondershausen, Ortseingang links

Parkplatz: ja

WC: im Einkaufscenter

Bratwurst bei Regen/ Schneefall: Vordach vom Stand, Gastraum in Imbissstube

Wer steht am Rost:
Uwe Tischler

Rost brennt seit: 2010

Bratwurst:
Fleischerei Reifenstein Erfurt

Gewürze: Salz, Pfeffer Kümmel gemahlen, Knoblauch

Holzkohle: nein (Gas)

Preis: 1,60 Euro (120 g)

Brötchen:
Bäckerei Triebel Erfurt

Senf/Ketchup: Born

Extras:
Kartoffelsalat selbstgemacht, Bratklöpse, Römerbraten, Brätel, Knacker; Getränke

Bratwurstessen und Entspannen:
bei schlechtem und kaltem Wetter Aufwärmen in der Imbissstube

Wohin mit der Bratwurstenergie:
Geraradweg

Wann brennt der Rost:
ganzjährig: montags bis samstags von 9.00 bis 17.00 Uhr

Wie wird man Bratwurstbrater?

Sein Vater hat auch Bratwürste gebraten, früher auf dem Domplatz in Erfurt. Aber erblich vorbelastet? Nein, das ist er nicht. Manchmal hat er zugesehen beim Papa, aber Berufstraum Bratwurstbrater, das musste es nun wirklich nicht sein.

In seinem ersten Berufsleben hatte Uwe Tischler dann trotzdem mit Bratwürsten zu tun. Aber er wird sie kaum wahrgenommen haben. Die Bratwürste waren ein Produkt unter vielen Tausenden, lagen irgendwo in den unteren Etagen der Kühlregale oder versteckt und eingeschweißt in Kühltruhen.

Uwe Tischler arbeitete im Einzelhandel. Seine Karriere begann im Norden von Erfurt, damals gab es noch die HO-Kaufhalle im Rieth, die größte der Stadt. Kurze Zeit später kamen die neuen Supermärkte, die erst einmal nur da sein wollten wegen der Marktanteile. So kam er nach Gotha in eine Traglufthalle und mit der Aussicht auf Aufstiegschancen. Es folgten die Schulbank, die Stelle als stellvertretender Marktleiter und das Jahr 2000. Da hatte er es geschafft und wurde Marktleiter und Herr über Regale, Tiefkühltruhen und Einkaufswagen in Bad Frankenhausen, später in Weimar.

Klingt gut und erfolgreich, bedeutete aber auch extra lange Arbeitstage, kurze Wochenenden, kein Weihnachten, kein Ostern. Und dann waren sie plötzlich da, diese Gedanken: mal was anderes machen, eine neue Herausforderung suchen. Und dann kam diese Radtour, zusammen mit der Ehefrau. Und plötzlich stand sie vor ihm, am Ortseingang von Gebesee. **"Mensch, das wärs, genau so eine Grillhütte."**, sagte er zu seiner Frau, und die hatte erst mal nichts dagegen.

Und da es im Leben manchmal wirklich Zufälle gibt, stieß Uwe Tischler ein halbes Jahr später auf eine Zeitungsannonce, die sein Leben verändern sollte: **"Imbiss zu verkaufen."**. Er wählte die Telefonnummer und wurde Bratwurstbrater.

Schmeckt.
Gut für Mittelthüringen.

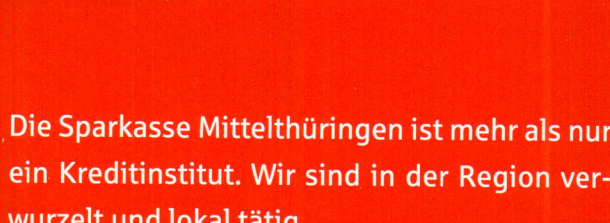

Die Sparkasse Mittelthüringen ist mehr als nur ein Kreditinstitut. Wir sind in der Region verwurzelt und lokal tätig.

Wir engagieren uns in den verschiedensten gesellschaftlichen Bereichen, um die Lebensqualität in der Region stetig zu steigern.

Sparkasse Mittelthüringen

Standort (fürs Navi)
99102 Klettbach (Straßeneingabe nicht erforderlich)

Bratwurststand Klettbach

Falls Sie früher mal Busfahrer waren zwischen Kranichfeld und Erfurt oder Mit-dem-Bus-Fahrender auf dieser Strecke, dann sollte die Anfahrt zum Bratwurststand kein Problem sein. Die Haltebucht für den Bus gibt es noch und ist jetzt für Bratwurstesser reserviert. Und im alten Bushäuschen - da brennt jetzt der Rost.

Anfahrt: Ortsdurchfahrt Klettbach Richtung Kranichfeld, alte Bushaltestelle links

Parkplatz: ja

WC: Toilettenkabine

Bratwurst bei Regen/Schneefall: neben dem alten Bushäuschen steht ein neues Wartehäuschen für die Gäste

Wer steht am Rost: Mona Heyder

Rost brennt seit: 2000

Bratwurst: Agrargenossenschaft Bucha

Gewürze: Salz, Pfeffer, Kümmel gemahlen und ganz

Holzkohle: nein (Gas)

Preis: 1,70 Euro (150 g)

Brötchen: Frischback Arnstadt

Senf/Ketchup: Born

Extras: Verkauf Thüringer Wurstwaren: frische Bratwürste aus Bucha 10er Schale, Wurst im Glas (Leberwurst, Gehacktes)

Bratwurstessen und Entspannen: drehbare Bockwindmühle Klettbach, Waldgebiet Eichenberg

Wohin mit der Bratwurstenergie: Spaziergang zur Stiefelsburg, Riechheimer Berg, Bockwindmühle

Wann brennt der Rost: ganzjährig
März bis Dezember: montags bis freitags von 9.00 bis 17.00 Uhr
Januar/Februar: montags bis freitags von 10.00 bis 16.00 Uhr

Kölleda

Die Grillstation

Standort (fürs Navi)
99625 Kölleda, Im Funkwerk

Diesen Bratwurststand finden Sie im Stadtteil Kiebitzhöhe. Ein Name, der Sie nicht irritieren sollte. Den Kiebitz kennen Sie als Zugvogel, der nur an warmen Tagen unter uns weilt und die Winterzeit lieber am gut beheizten Mittelmeer verbringt. Die Grillstation aber ist das ganze Jahr für Sie da, egal, ob Hitze oder Frost.

Anfahrt:
B 176 Richtung Kölleda,
im Kreisverkehr hinter Frohndorf
linke Ausfahrt

Parkplatz: ja

WC: nein

**Bratwurst bei Regen/
Schneefall:**
Vordach vom Stand

Wer steht am Rost:
Uwe Michallek

Rost brennt seit: 2010

Bratwurst:
Fleischerei Meyer Weimar

Gewürze: Salz, Pfeffer, Kümmel
gemahlen und ganz, Muskat

Holzkohle: ja

Preis: 1,50 Euro (130 g)

Brötchen:
Bäckerei Triebel Kölleda

Senf/Ketchup: Born

Extras:
Rostbrätel, Frikadellen,
Kartoffelsalat, Pommes frites;
alkoholfreie Getränke,
Kaffee

**Bratwurstessen
und Entspannen:**
Denken Sie zurück an Ihre
Jugendzeit. Vielleicht kam Ihre
erste Verstärkeranlage ja aus
dem Funkwerk Kölleda gleich
gegenüber.

**Wohin mit der
Bratwurstenergie:**
Bummel über Marktplatz Kölleda,
Funkwerkmuseum

Wann brennt der Rost:
April bis Oktober: montags bis freitags von 8.00 bis 16.00 Uhr
November bis März: montags bis freitags von 9.00 bis 16.00 Uhr

Bad Sulza

Standort (fürs Navi)
99518 Bad Sulza, Naumburger Straße 1

Grill-Imbiss „Alte Saline"

Schon mal was von der Thüringer Toskana gehört? So nennt man die Gegend um Bad Sulza. Hier ist es besonders warm und sonnig, geschwungene Hügel und die Weinberge erinnern an Italien. Ein bisschen Thüringen darf aber auch sein, und das finden Sie auf dem Bratwurstrost.

Anfahrt:
vom Zentrum kommend über Wunderwaldstraße zur Naumburger Straße (Richtung Bad Kösen / Naumburg)

Parkplatz: ja

WC: Toilettenkabine

Bratwurst bei Regen/Schneefall:
Vordach vom Stand, überdachte und windgeschützte Sitzecke

Wer steht am Rost:
Simone Gillsch

Rost brennt seit: 2004

Bratwurst:
Fleischerei Schmidt Bad Sulza

Gewürze:
Salz, Pfeffer, Kümmel ganz

Holzkohle: ja

Preis: 1,70 Euro (150 g)

Brötchen: Aufbackbrötchen

Senf/Ketchup: Born

Extras: Forelle ohne Gräten mit Spezialkräutermischung vom Rost, Rostbrätel, Römerbraten, Spanferkelrippchen; Kaffee

Bratwurstessen und Entspannen:
Ausflugsgaststätte Sonnenburg, Gradierwerk

Wohin mit der Bratwurstenergie: Rundendrehen im Gradierwerk, Aufstieg Sonnenburg, Thüringer Weingut Bad Sulza, Toskana Therme (S. 107)

Wann brennt der Rost:
ganzjährig: montags bis samstags von 9.30 bis 18.00 Uhr

Bad Sulza

Salz ist immer drin.

An dieser Stelle wollen wir darüber reden, wie gut es uns geht. Dazu denken wir kurz an die unglaublich günstigen Bratwurstpreise und versetzen uns dann in die Zeit vor 500 Jahren und bemitleiden unsere Vorfahren. Damals war Salz echte Luxusware. Eine Bratwurst mit Salz gewürzt - für den Normalbürger unbezahlbar.

Das Salz war der „Vorläufer" des Kühlschranks. Sollten Fleisch oder Fisch länger aufbewahrt oder sogar noch exportiert werden, dann gab es besonders in den Sommermonaten nur eine Möglichkeit: die Konservierung mit Salz. Es wurde überall gebraucht, abgebaut oder gewonnen aber nur in wenigen Regionen. Städte mit Salzvorkommen und Salzhändler wurden reich. Die anderen mussten entweder zahlen oder Obst und Gemüse essen.

Wer also etwas Sole direkt vor der Haustür hatte, konnte sich glücklich schätzen. In Bad Sulza lagerte die wertvolle Salzbrühe in 300 bis 600 Meter Tiefe. Anfangs sprudelte sie munter aus der Erde, später wurde sie nach oben gepumpt. Im Gradierwerk wurde der Salzgehalt der Sole erhöht, dann kam das Salzsieden.

Diese spannende Alltagsgeschichte Ihrer Vorfahren können Sie in Bad Sulza nachverfolgen. Die alten Pumpanlagen, das Gradierwerk, das Solereservoir, die Siedehäuser mit den hohen Schornsteinen, alles ist noch da. Die Kurstadt rühmt sich mit der „umfangreichsten erhaltenen Salineanlage Deutschlands". Mehrmals im Jahr findet ein Schausieden statt. Die Termine erfragen Sie in der Touristinformation.

PS: Mit der Bratwurst in der Hand können Sie schon einen ersten Eindruck gewinnen. Direkt neben dem Stand steht das ehemalige Salzreservoir über zwei Etagen. Hier wurde die konzentrierte Sole aus dem Gradierwerk in Holzbehältern (Fassungsvermögen 270.000 Liter) gesammelt, bevor sie über eine Rohrleitung zu den Siedehäusern geschickt wurde.

Toskana Therme

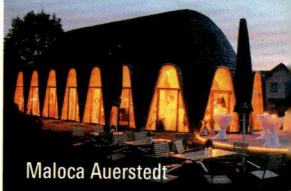
Maloca Auerstedt

Goethe Gartenhaus 2

SCHWEBEN IM SOLE-HEILWASSER
Toskana Therme Bad Sulza

Liquid Sound®: Baden in Licht und Musik · Atemberaubende Architektur · Sauna der Zukunft · Wellnesspark · Hotel mit Bademantelgang

Highlights: **Vollmondkonzerte**… immer wenn der Mond als volle Scheibe am Himmel steht · **Sweat Lodge**... Indianische Schwitzhütten-Zeremonie · **Literarische Aufgüsse**... Lesungen in der Sauna

Tipps: Seniorenbaden · Happy Hour · Studenten-/Schülertarif · After Work · Arrangement · Klassik unter Wasser · Liquid Sound Festival

Öffnungszeiten: So-Do 10.00 - 22.00 Uhr · Fr-Sa 10.00 - 24.00 Uhr bei Vollmond bis 2.00 Uhr

---

Sehenswürdigkeiten in direkter Umgebung:
gegenüber: Gradierwerk mit Zerstäuberhalle · Sole- und Salineanlagen · Saline- und Heimatmuseum
Nur wenige Minuten zu Fuß: Goethe Gartenhaus 2 Kurpark mit Trinkhalle · Freibad mit Minigolf
Nur wenige Minuten mit dem Auto: Schloss Auerstedt u.a. mit der Sammlung historischer Wagen der Herzogin Anna Amalia · Museumscafé und Restaurant „Reinhardt's im Schloss" · Maloca und Weidenrutenpalast

---

Telefon 03 64 61 - 9 20 00 | www.toskanaworld.net

Lichte

Imbiss Fleischerei Luthardt am Markt

Standort (fürs Navi)
98739 Lichte, Saalfelder Straße

Das Wahrzeichen von Lichte und beliebtes Fotomotiv der Touristen ist der alte Eisenbahn Viadukt - über 250 Meter lang und mehr als 30 Meter hoch. Gebaut wurde er zwischen 1911 und 1913. Ein europäisches Großprojekt, die Bauarbeiter kamen aus Italien, Rumänien, Polen und der Slowakei. Und möglicherweise wurden sie alle mit Köstlichkeiten aus dem Ort versorgt. Denn schon 1908 hatte Karl Haueisen eine Fleischerei mit Gaststätte eröffnet. Leider gibt es keine Aufzeichnungen, ob der Stammvater der Fleischerfamilie Luthardt damals schon selbst am Rost stand.

Anfahrt: B 281 von Neuhaus am Rennweg Richtung Saalfeld, in Ortsmitte links (gleich nach erster großer Rechtskurve, noch vor Viadukt)

Parkplatz: ja

WC: ja (im Gemeindeamt)

Bratwurst bei Regen/Schneefall:
Vordach vom Stand

Wer steht am Rost:
Elvira Becker

Rost brennt seit: 1993

Bratwurst:
eigene Herstellung

Gewürze:
Salz, Pfeffer, Kümmel gemahlen
(ganz wenig), Muskat

Holzkohle: nein (Gas)

Preis: 1,50 Euro (100 g)

Brötchen:
Bäckerei Reichel Piesau

Senf/Ketchup: Born, Bautz'ner

Extras:
Rostbrätel, Klopse, Schnitzel,
Leberkäse, verschiedene Suppen,
Wildgulasch, Wurstwaren,
Knacker, Bockwürste;
alkoholfreie Getränke, Kaffee,
Bier, Glühwein

**Bratwurstessen
und Entspannen:**
Blick zum Marktplatz,
Fachwerkhäuser, Rathaus

**Wohin mit der
Bratwurstenergie:**
wandern zur Talsperre
Leibis-Lichte oder zum
Schaubergwerk Schmiedefeld,
Besuch Porzellanmanufaktur

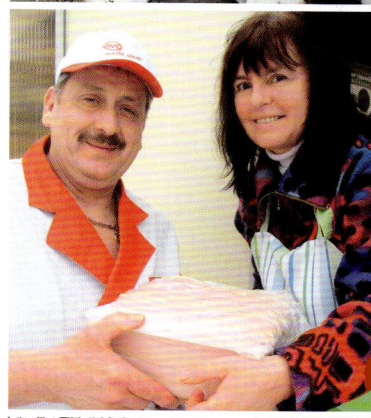

Wann brennt der Rost:
ganzjährig: montags bis freitags von 9.00 bis 16.30 Uhr

Mellingen

Standort (fürs Navi)
99441 Mellingen, Hirtentor Straße

Ilmtal Grill

Eine große Frage beschäftigt die Kunsthistoriker bis heute. Hätte Lyonel Feininger auch das Bratwursthäuschen von Mellingen gemalt, wenn es zu seiner Zeit schon gestanden hätte? Es spricht einiges dafür. Als Maler am Bauhaus verbrachte er seine Zeit mit netten Kleinigkeiten: Dörfer rund um Weimar, Dorfkirchen, kleine Brücken über die Ilm. Und Hunger hat er bestimmt auch gehabt bei der ganzen Malerei.

Anfahrt: A 4 Abfahrt Mellingen / Apolda, B 87 Richtung Apolda

Parkplatz: ja

WC: Toilettenkabine

Wer steht am Rost:
Michael Schalbe

Bratwurst bei Regen/ Schneefall:
Vordach vom Stand, Raum in Hütte, Schirm

Rost brennt seit: 2010

Bratwurst: Metzgerei Bennewitz Buttstädt / Apolda

Gewürze:
Salz, Pfeffer, Kümmel ganz

Holzkohle: ja

Preis: 1,80 Euro (150 g)

Brötchen:
Bäckerei Richter Mellingen

Senf/Ketchup:
Born, Bautz'ner

Extras: Würste in den Varianten fein, grob, Chili, Bärlauch, Spinat / Käse; eingelegte Brätel, Buletten; alkoholfreie Getränke, Bier, Radler; ab Oktober Suppen, Glühwein, Grog

Bratwurstessen und Entspannen:
Blick ins Ilmtal

Wohin mit der Bratwurstenergie:
Ilmtalradweg,
Besuch der Feininger Kirchen im Weimarer Land

Wann brennt der Rost: ganzjährig
Sommerzeit: montags bis freitags von 9.30 bis 19.00 Uhr
Winterzeit: montags bis freitags von 9.30 bis 18.00 Uhr

Luisenthal

Standort (fürs Navi)
99885 Luisenthal

Gasthaus „Zur Wegscheide"

Wer von hier wieder hinab ins Thüringer Flachland möchte, der muss sich entscheiden. Entweder die Straße nach Luisenthal oder die nach Crawinkel, deswegen Wegscheide. Früher musste man sich an diesem Ort außerdem entscheiden zwischen Wegzoll zahlen oder Wegzoll nicht zahlen und wieder umkehren. Heute dagegen läuft alles freiwillig - das Anhalten und das Bezahlen. Und warum? Wegen der Bratwurst!

Anfahrt: in Luisenthal auf der Hauptstraße bleiben und Richtung Oberhof / Zella-Mehlis weiterfahren (L 3247), nach ca. 3 km bergauf sehen Sie rechts Gasthof und Pension „Zur Wegscheide"

Parkplatz: ja

WC: ja (im Gasthaus)

Bratwurst bei Regen/ Schneefall:
Vordach vom Stand, Gasthaus

Wer steht am Rost:
Ingolf Groß

Rost brennt seit: 1992

Bratwurst: Fleischerei Fratzscher Schleusingen

Gewürze:
Salz, Pfeffer, ein Hauch Kümmel gemahlen, Knoblauch, Muskat, etwas Zitronenschale

Holzkohle: ja

Preis: 1,80 Euro (100 g)

Brötchen:
Bäckerei Scheidig Zella-Mehlis

Senf/Ketchup: Born, Naba

Extras:
Brätel, Wurstverkauf, auch in der Gaststätte können Sie Bratwurst und Brätel frisch vom Rost genießen; alkoholfreie Getränke, Kaffee, Tee, Bier, Glühwein, Grog, Jagertee, Honig

Bratwurstessen und Entspannen:
Spielplatz, Biergarten, Schneebar im Winter

Wohin mit der Bratwurstenergie:
Lütschetalsperre 2 km, Ohrtastausee 1 km entfernt

Wann brennt der Rost: täglich
April bis Oktober von 10.00 bis 19.00 Uhr
November bis März von 10.00 bis 18.00 Uhr

Thüringens berühmtester Bratwurstbrater.

„Durchbrechen?" - schätzungsweise 200 bis 300 Mal täglich stellt Ingolf Groß diese Frage. Wer noch nie an der Wegscheide eine Bratwurst essen durfte, der wird leicht verwirrt dreinschauen. Wer schon mal da war, der weiß um die enorme Tragweite dieser Frage. Hier kommen Würste von 30 Zentimetern und mehr auf den Rost und dann ins Brötchen. **„Durchbrechen?"** bedeutet so viel wie: Gefahr von Überlänge. Wenn die Bratwurst weit zu beiden Seiten des Brötchens hinausragt, dann neigt sie zum spontanen Durchbrechen. Erfahrene Bratwurstesser gehen deswegen auf Nummer sicher, und lassen die Wurst vom Profi durchbrechen und zweigeteilt ins Brötchen legen.

Und was passiert sonst noch im Alltag eines Bratwurstbraters? **„Nicht viel, doch keine Spur von Langeweile"**, sagt Ingolf Groß. Der Blick ins Grüne, auf die Thüringer Waldfichten, und der Parkplatz gegenüber ist auch noch da. Manchmal hält dort ein Wohnmobil und die Besitzer beginnen, ihr Inventar zu zählen. Dann werden Campingmöbel nach draußen gestellt und dazu die zwei Meter hohe Zimmerpalme.

Und die Kunden? Ab und zu ein Schwätzchen, meist mit den Brummifahrern, manchmal auch mit der Wintersportprominenz. Biathlon-Bundestrainer Uwe Müßiggang war schon da, und auch Bobpilot André Lange mit der ganzen Mannschaft. Dann bekommt Ingolf Groß richtig gut zu tun, denn die Jungs essen mehrere Gänge. Zwei bis drei Würste sind Pflicht, manchmal werden es auch vier.

Elf Jahre brät Ingolf Groß jetzt schon an der Wegscheide. Er kann sie noch riechen und sie schmeckt ihm auch noch, die Bratwurst. Und sie hat ihm zu weltweiter Beachtung verholfen. Wer im Internet-Wissensspeicher Wikipedia nachschaut, der findet unter **Bratwurst** auch einen Absatz zur **Thüringer Rostbratwurst**. Und damit Australier, Japaner oder Südafrikaner auch die richtige Vorstellung von der Thüringer Bratkultur bekommen, finden sie dort ein Foto. Zu sehen ist Ingolf Groß, der sich liebevoll um seine Würste kümmert.

2 Originale in Thüringen.

Coca-Cola, die Konturflasche, das Rundlogo und die dynamische Welle sind eingetragene Schutzmarken der The Coca-Cola Company. Coca-Cola ist koffeinhaltig

Rudolstadt/Eichfeld

Imbiss Thür. Küche

Imbiss Mo.-Fr. 8⁰⁰ – 17⁰⁰

Standort (fürs Navi)
07407 Rudolstadt/Eichfeld, Hauptstraße

Bratwurstschmiede
Imbiss Raststätte Eichfeld

Eine Bratwurst in Eichfeld sollte eigentlich zum Pflichtprogramm eines jeden Pädagogen gehören, oder wenigstens aller Thüringer. Warum? Ganz einfach, hier ist das Zentrum der Thüringer Pädagogik. Gleich nebenan liegt, zugegeben etwas verschlafen, das kleine Keilhau. Hier hat der welterste Kindergärtner, Friedrich Fröbel, einst eine Erziehungsanstalt betrieben. Und gute Erziehung und gutes Essen gehören doch irgendwie zusammen, oder?

Anfahrt: Landstraße von Stadtilm nach Rudolstadt (L 1048), rechts nach Eichfeld abbiegen

Parkplatz: ja

WC: ja

Bratwurst bei Regen/Schneefall: kleine Gaststube

Wer steht am Rost: Sabine Hoffmann

Rost brennt seit: 1994

Bratwurst: Erhard Fritsche Rudolstädter Wurst und Schinken Spezialitäten

Holzkohle: ja

Preis: 1,50 Euro (150 g)

Gewürze: Salz, Pfeffer, Kümmel gemahlen, Knoblauch, Muskat, Koriander

Brötchen: Bäckerei Hauboldt Rudolstadt

Senf: Born

Extras: Thüringer Küche, selbstgeräucherte Forelle

Bratwurstessen und Entspannen: Berge und Wald

Wohin mit der Bratwurstenergie: Fröbelblick mit Denkmal, Baropturm (Schüler Fröbels und später selbst Lehrer)

Wann brennt der Rost:
ganzjährig: montags bis freitags von 8.00 bis 17.00 Uhr

Erfurt-Dittelstedt

Standort (fürs Navi)
99099 Erfurt, Rudolstädter Straße 165

Dittelstedter Grillhütte

Dittelstedt ist so etwas wie der Vorgarten von Erfurt. Hier wachsen Blumenkohlköpfe, Weißkohlköpfe, Brokkoli, Rosen- und Grünkohl. Und das nicht im Kleingarten, sondern auf dem Feld. Vegetarier werden diese Nachricht gern vernehmen. Alle anderen werden sagen: „Gut, dass es hier noch die Grillhütte gibt."

Anfahrt:
Weimarische Straße (B 7) - Jenaer Straße (T.E.C.) - Rudolstädter Straße (Richtung Dittelstedt / Urbich)

Parkplatz: ja

WC: nein

Bratwurst bei Regen/ Schneefall: beheizter Vorraum

Wer steht am Rost:
Heinz Niebergall

Rost brennt seit: 2004

Bratwurst:
Fleischerei Zitzmann Erfurt

Holzkohle: ja

Gewürze: Salz, Pfeffer, Kümmel gemahlen, Knoblauch

Preis: 1,25 Euro (125 g)

Brötchen:
Bäckerei Roth Erfurt

Senf/Ketchup: Born

Extras:
belegte Brötchen
(10 verschiedene Sorten) täglich
ab 7.00 Uhr frisch;
Bockwurst, Knobländer,
Bratwurst, Buletten, Currywurst,
Frühstücksknacker, Rostbrätel,
Schnitzel, hauseigener
Kartoffelsalat, Gulaschsuppe,
Soljanka;
alkoholfreie Getränke, Kaffee,
Cappuccino, Tee, Schokomilch,
Metzgerbier, Glühwein;
Mittwoch ist Schlachtetag,
Wurstverkauf

**Bratwurstessen
und Entspannen:**
Blick auf Gemüsefelder

**Wohin mit der
Bratwurstenergie:**
Radtour zum Stausee
Hohenfelden, Avenida Therme,
Kletterpark Hohenfelden

Wann brennt der Rost:
ganzjährig: montags bis freitags von 8.30 bis 17.00 Uhr
(Grillhütte bereits ab 7.00 Uhr geöffnet)

Die Bratwurst,
die Jahreszeiten und das Wetter.

Wie sagt der Volksmund so schön: **„Der Thüringer kann immer!"**. Wenn ihm danach ist, dann brät er los, egal, ob es stürmt, schneit oder frostig kalt ist. Der Fleischer um die Ecke hat die frische, rohe Bratwurst zu jeder Jahreszeit im Sortiment. Und auch der Rost ist schnell aufgebaut, im Garten oder auf der Terrasse. Ein Sack Holzkohle wartet immer einsatzbereit im Keller. So jedenfalls sehen wir uns selbst.

Der Thüringer brät immer - auch unsere Bratwurststände arbeiten nach diesem Grundsatz. Nur wenige machen im Winter komplett zu. Doch was nutzt die ganzjährige Rundumversorgung mit Bratwürsten, wenn es mit dem Essen nicht klappt. Anders formuliert: **„Hat der Thüringer immer Appetit auf Bratwurst?"**

Nur ganz wenige unserer Bratwurstbrater sagen **„Ja"**. Sie stehen entweder in der Ortsmitte einer Kleinstadt, wo man zur Mittagszeit zwangsläufig vorbeikommt, oder in der Nähe einer touristischen Attraktion mit einem niemals enden wollenden Strom von Besuchern.
Aber der große Rest? Der teilt eindeutig in Haupt-, Zwischen- und Nebensaison. Die meisten Bratwürste werden in den Monaten verkauft, wenn die Kunden den privaten Rost noch nicht in Betrieb genommen oder schon wieder winterfest gemacht haben - im Frühjahr und dann wieder im Spätsommer und Herbst. Die Zwischensaison fällt in die Sommer- und Urlaubsmonate, Eis und Schnee bestimmen die Nebensaison.
Die einfache Formel fürs optimale Bratwurstwetter lautet: nicht zu heiß und nicht zu kalt. In Zahlen ausgedrückt heißt das 18 bis 25 Grad Celsius. Und etwas Sonne sollte auch dabei sein. Ganz schlecht fürs Geschäft sind dagegen Regentage und kalte, schneereiche Winter. Auch Stände, die vorhatten, den ganzen Winter zu öffnen, kapitulieren bei ca. fünf Grad Minus. Die Kunden haben bei Dauerfrost kaum Lust anzuhalten und wärmen sich lieber im Auto als an der Bratwurst. Und der Aufwand für zehn verkaufte Bratwürste am Tag ist dann einfach zu groß.

Wir merken uns also: Das größte Glück eines Bratwurstbraters sind sonnige Frühlings- und Herbsttage.

Rudolstadt (Schwarza)

Imbiss Flugplatzbrücke

Standort (fürs Navi)
07407 Rudolstadt (Schwarza), Saalfelder Straße

Was der Name nur teilweise verrät, hier gibt es Genuss am Fluss. Von der Brücke neben dem Stand schauen Sie ganz entspannt zu, wie die kleine wilde Schwarza in die schon etwas behäbige Saale mündet. Besser kann eine Bratwurst nicht munden.

Anfahrt:
B 88 Richtung Bad Blankenburg / Ilmenau, in Schwarza
„An der Flugplatzbrücke"

Parkplatz: ja

WC: ja

Bratwurst bei Regen/ Schneefall:
überdachter Vorraum mit Stehtisch, Bistro

Wer steht am Rost:
Andreas Modl

Rost brennt seit: 1991

Bratwurst:
Original Thüringer Wurstwaren
Bestes aus Triptis

Gewürze: Salz, Pfeffer, Kümmel gemahlen und ganz

Holzkohle: ja

Preis: 1,50 Euro (150 g)

Brötchen:
Bäckerei Paries Bad Blankenburg

Senf/Ketchup: Born

Extras:
Kartoffelsalat selbstgemacht, belegte Brötchen, Eis, Glühwein

Bratwurstessen und Entspannen:
Saaleufer gleich hinterm Stand

Wohin mit der Bratwurstenergie:
Heidecksburg Rudolstadt, Burg Greifenstein, Kulmberghaus, Kanufahrt auf der Saale

Wann brennt der Rost: ganzjährig
montags bis freitags von 6.00 bis 18.00 Uhr
samstags von 7.00 bis 13.00 Uhr

Sömmerda

Beuthner's Bratwurststand

Standort (fürs Navi)
99610 Sömmerda, Erfurter Straße

Was den Namen Sömmerda betrifft, da streiten die Experten wieder einmal. Ein Ort in einer feuchten Gegend mit Sumpf und Moor, sagen die einen. Die anderen sprechen von einem Sippen- oder auch Gemeindenamen. Denkbar wäre aber auch, **Sömmerda** meteorologisch zu erklären. Ein Ort mit vielen warmen Tagen, wo der Sommer praktisch immer da ist. Oder anders gesagt: ein Ort mit idealem Grillwetter.

Anfahrt: A 71 Abfahrt Sömmerda Süd - Richtung Sömmerda - Erfurter Straße links (am Gondelteich)

Parkplatz: ja

WC: nein

Bratwurst bei Regen/Schneefall:
Vordach vom Stand

Wer steht am Rost:
Elisabeth Beuthner

Rost brennt seit: 1989

Bratwurst:
Fleischerei Kolbe Buttelstedt

Gewürze:
Salz, Pfeffer, Kümmel ganz

Holzkohle: ja

Preis: 1,70 Euro (140 g)

Brötchen: Frischebäcker Orlishausen

Senf/Ketchup: Born

Extras: Brätel, Currywurst; alkoholfreie Getränke, Kaffee, Bier, Glühwein

Bratwurstessen und Entspannen: Blick auf ehemaligen Gondelteich, Blesshühner füttern

Wohin mit der Bratwurstenergie: Unstrutradweg

Wann brennt der Rost: ganzjährig montags bis freitags von 9.00 bis 17.00 Uhr (bis Frischware aufgebraucht ist)

Gehlberg

Fleischerei Heyder-Burmeister

Standort (fürs Navi)
98559 Gehlberg, Hauptstraße 47

Wer früher nach Gehlberg kam, der wollte Glas kaufen oder einfach mal in die Röhre schauen. Die Gehlberger lebten einige Jahrhunderte von der Glasherstellung, zunächst für den Haushalt, später für die Industrie. Höhepunkt war das Jahr 1895, als ein emsiger Tüftler namens Röntgen seine Röhren in Gehlberg herstellen ließ. Heute kommt man zum Wandern oder Skifahren, oder zum Bratwurstessen am Abend. Wenn jeden Mittwochabend der Rost brennt, dann kommen die Autos sogar aus dem 10 Kilometer entfernten Gräfenroda.

Anfahrt: A 71 Abfahrt Gräfenroda, weiter Richtung Gräfenroda / Gehlberg, Ortsmitte gegenüber vom Kurpark

Parkplatz: ja

WC: ja

Bratwurst:
eigene Herstellung

Rost brennt seit: 1994

Bratwurst bei Regen/ Schneefall:
Dach mit Sitzecken neben dem Stand

Wer steht am Rost: Stefan Burmeister (Brater) und Frank Seifert (Verkäufer)

Gewürze: Salz, Pfeffer, Kümmel gemahlen, Knoblauch

Holzkohle: ja

Preis: 1,50 Euro (110 g)

Brötchen: Frischback Arnstadt

Senf/Ketchup: Born

Extras: Rostbrätel, gebratenes Gehacktesbrot, Schaschlik und wechselnd verschiedene Grillartikel (Cevapcici, Steaks, Hackfleischklopse, Grillkäse, Fleischspieße);
alkoholfreie Getränke, Bier, Glühwein, Schnäpschen

Bratwurstessen und Entspannen: gegenüber befindet sich der Gehlberger Kurpark mit Springbrunnen und der 300 Jahre alten Linde

Wohin mit der Bratwurstenergie: Wanderung / Rad fahren zum Schneekopf oder zur Schmücke und dann weiter auf dem Rennsteig; im Winter gibt es genügend Loipen und den Skihang mit Liftbetrieb

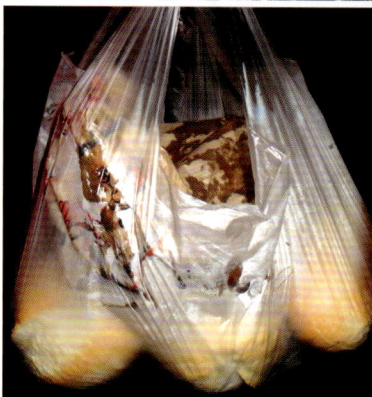

Wann brennt der Rost:
ganzjährig: mittwochs von 18.00 bis ca. 20.00 Uhr

Mittwoch ist Bratwurstabend.

Wie heißt es so schön: Rituale sind wichtig, sie schaffen Sicherheit. Und mit Sicherheit ist es richtig schön bequem, wenn man einmal die Woche nicht darüber nachdenken muss, was auf den Abendbrottisch kommt.

Angefangen hat es mit dem ehrgeizigen Vorhaben, den Urlaubsgästen die lokale Bratwurst vorzustellen. Gemeinsam stellten die Gaststätte „Zur Linde" und die Fleischerei Heyder-Burmeister einen Rost auf. Keine schwere Übung, da man unter ein und demselben Dach wohnte und sich „gut riechen" konnte. Zu riechen gab es dann für ganz Gehlberg jeden Dienstag den Duft von Bratwurst und Brätel.

Später beschlossen die jungen Gaststättenbetreiber, weniger für den Magen, sondern mehr für den Kopf zu tun. Sie verabschiedeten sich zur Lehre und zum Studium, und die Fleischerei machte allein weiter. Der Brattag wurde, wie unter guten Nachbarn üblich, auf den Mittwoch verlegt, denn da hat die Gaststätte Ruhetag.

So zieht jeden Mittwochabend die Autokarawane der Bratwursthungrigen aus den Nachbartälern hinauf nach Gehlberg. Manche lassen sich das Abendessen einpacken und müssen während der Abfahrt der Versuchung widerstehen, schon mal an der Wurst zu naschen. Andere erledigen das Abendessen gleich vor Ort. So hat sich eine bunte Mischung aus Stammgästen, Nachbarn und Urlaubern entwickelt, die nicht nur essen, sondern auch mal einen Schwatz machen und Wissenswertes über Gehlberg und Neuigkeiten aus aller Welt austauschen. Bratwurst verbindet eben.

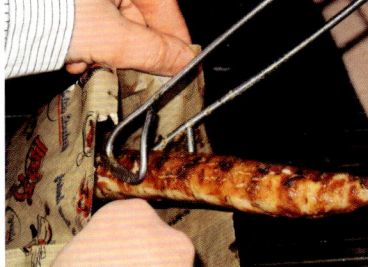

WALTER **WÜLFINGHOFF** ERFURT
HEIZUNG · LÜFTUNG · SANITÄR · SOLAR

Und WIR sorgen für die Wärme in Ihrem Zuhause!

Walter Wülfinghoff GmbH & Co. KG
Gotthardtstraße 13a · 99084 Erfurt
Telefon 03 61 · 6 42 21 01 · Fax 03 61 · 6 42 26 10
wuelfinghoff@t-online.de · www.wuelfinghoff.de

Stadtilm

Standort (fürs Navi)
99326 Stadtilm, Schwarzburger Straße 2

Biergarten „Am Viadukt"

Der ideale Bratwurststand für den Sommer: kleiner Biergarten mit Pils vom Fass, Bio-Schattenspender (Esche und Ahorn) und ein exklusiver Nachtisch: Eis aus eigener Herstellung. Ein Stand zum Liebhaben und Verweilen oder für die längere Pause zwischendurch.

Anfahrt: B 87 Richtung Ilmenau

Parkplatz: ja

WC: ja

Bratwurst bei Regen/Schneefall: Vordach vom Stand, großer Schirm

Wer steht am Rost: Nancy Limprecht

Rost brennt seit: 2004

Bratwurst: Fleischerei Baumbach

Gewürze: Salz, Pfeffer, Kümmel gemahlen, Knoblauch, Majoran

Holzkohle: ja

Preis: 1,30 Euro (120 g)

Brötchen: Aufbackbrötchen

Senf/Ketchup: Born

Extras: Kartoffelsalat eigene Herstellung (weit bekannt und sehr gefragt, macht Mutter des Hauses); Pils vom Fass, Eis eigene Herstellung; Hofladen mit Bioprodukten

Bratwurstessen und Entspannen: Blick zum Eisenbahn Viadukt

Wohin mit der Bratwurstenergie: Schwimmbad Stadtilm (100 m entfernt), Ilmtalradweg

Wann brennt der Rost: ganzjährig
April bis Oktober: täglich von 11.00 bis 19.00 Uhr
November bis März: montags bis freitags von 11.00 bis 18.00 Uhr

Bratstand XXXL-Restaurant

Standort (fürs Navi)
99634 Straußfurt, Straße des Friedens

Normalerweise reden Betroffene nur ungern über XXXL. Wenn es um die Konfektionsgröße geht, dann ist extra extra extra large - so heißt es ausgeschrieben und bedeutet übersetzt so viel wie ganz, ganz schrecklich groß und übergewichtig - nicht gerade lustig. Eine XXXL-Bratwurst zu bestellen, ist dagegen etwas völlig anderes. Die ist zwar deutlich größer als ihre Artgenossen an anderen Ständen, man riskiert beim Verzehr aber trotzdem keine XXXL-Figur.

Anfahrt:
B 4 Richtung Sondershausen, vor Ortsausgang Straußfurt rechts

Parkplatz: ja

WC: ja (in Gaststätte)

Wer steht am Rost:
Gabriele Stange

Bratwurst bei Regen/ Schneefall: Vordach vom Stand, überdachte Sitzbänke

Rost brennt seit: 2010

Bratwurst:
Fleischerei Finke Haßleben

Holzkohle: ja

Gewürze:
Salz, Pfeffer, Kümmel gemahlen, Knoblauch

Preis: 2,00 Euro (200 g)

Brötchen: selbstgebacken

Senf/Ketchup: Born

Extras: alkoholfreie Getränke

Bratwurstessen und Entspannen:
Biergarten, Außenfassade des Rasthauses mit viel Grün und blühenden Pflanzen

Wohin mit der Bratwurstenergie:
Funkenburg Westgreußen, Runneburg Weißensee, Unstrutradwanderweg

Wann brennt der Rost:
ganzjährig: täglich von 9.00 bis 19.00 Uhr

Stützerbach

Ricke's Imbiss

Standort (fürs Navi)
98714 Stützerbach, Schleusinger Straße

Die Bundesstraße 4 ist so etwas wie die Deutsche Würstchen-Straße. Sie verläuft senkrecht durchs Land, von Schleswig-Holstein nach Nürnberg, und verbindet so den eher geschmacksneutralen Norden mit den Wursthochburgen im Süden. Schade für die Nürnberger: einmal angekommen in Thüringen, fährt keiner mehr weiter. Die Schuldigen nennen wir gern beim Namen: zum Beispiel Ricke's Imbiss.

Anfahrt:
B 4 Richtung Schleusingen, Ortsausgang rechts

Parkplatz: ja

WC: nein

Bratwurst bei Regen/ Schneefall:
Vorraum mit Stehtischen

Wer steht am Rost:
René Altenfelder

Rost brennt seit: 1990

Bratwurst:
Metzgerei Tischler Manebach

Gewürze:
Salz, Pfeffer,
Kümmel gemahlen

Holzkohle: ja

Preis: 1,60 Euro (120 bis 130 g)

Brötchen:
Bäckerei Heubach Manebach

Senf/Ketchup: Born

Extras: gebratene Knacker; alkoholfreie Getränke, Kaffee, Glühwein, Grog

Bratwurstessen und Entspannen:
Blick ins Tal auf Stützerbach

Wohin mit der Bratwurstenergie: Wanderung zum Schneekopf / zur Schmücke

Wann brennt der Rost: ganzjährig (mittwochs Ruhetag)
Mai bis Oktober: montags/dienstags/donnerstags/freitags
von 9.00 bis 17.00 Uhr
samstags/sonntags/feiertags von 10.00 bis 17.00 Uhr
November bis April: montags/dienstags/donnerstags/freitags
von 9.00 bis 16.00 Uhr
samstags/sonntags/feiertags von 10.00 bis 16.00 Uhr

Gotha

Fleischerei Urban am Neumarkt

Standort (fürs Navi)
99867 Gotha, Gartenstraße

Auch wenn sie damit nicht öffentlich prahlen, die Gothaer sind die Universalgenies unter den Thüringern. Was haben sie nicht schon alles angestellt. Sie waren großartige Baumeister (errichteten erst eine Burg, dann ein Schloss mit Festung), sie haben auf der Bühne überzeugt (Ekhof Theater), sie haben uns mit Landkarten und astronomischen Entdeckungen versorgt, sie haben das Versicherungswesen erfunden und auch die Sozialdemokratie. Und richtig gute Bratwurst können die Gothaer auch machen. Überzeugen Sie sich selbst.

Anfahrt: Folgen Sie der B 7 Richtung Eisenach bis zur Gartenstraße, dort finden Sie ein Parkhaus. Von hier sind es nur noch wenige Meter zu Fuß bis zum Neumarkt.

Parkplatz:
Parkhaus Gartenstraße

WC: ja

Bratwurst bei Regen/ Schneefall: Vordach vom Stand

Wer steht am Rost:
Frank Volknant

Rost brennt seit: 1990

Bratwurst:
eigene Herstellung

Gewürze:
Salz, Pfeffer,
Kümmel gemahlen, Knoblauch

Holzkohle: nein (Gas)

Preis: 1,80 Euro (130 g)

Brötchen: Aufbackbrötchen

Senf/Ketchup: Born

Extras: Kartoffelbratwurst
(gebratene Wurstscheibe,
die zu 1/3 vegetarisch ist, für
Ernährungsbewusste);
alkoholfreie Getränke, Glühwein,
Kinderpunsch

**Bratwurstessen
und Entspannen:** Bummel über
Neumarkt mit Margarethenkirche

**Wohin mit der
Bratwurstenergie:** Aufstieg
zum Schloss Friedenstein

Wann brennt der Rost: ganzjährig
montags bis freitags von 10.00 bis 18.00 Uhr
samstags von 10.00 bis 14.00 Uhr

Warum tut's der Thüringer manchmal doch mit Gas?

Es geschah in Weimar in den frühen Morgenstunden an einem Tag Ende November 2004, als ein Gasgrill in der Innenstadt einen heimtückischen Anschlag verübte - auf das Zentrum der deutschen Literatur, auf das Schillerhaus. Die Propangasflasche des Gasgrills stand in einer Bude des Weihnachtsmarktes direkt vor dem berühmten Haus. Dort machte sie einfach peng, und das ziemlich laut und besonders kräftig. Fast alle Scheiben und auch ein paar Fensterrahmen gingen zu Bruch. Vielleicht wäre auch das komplette Dichterhaus eingestürzt, wenn sich nicht die Plane eines Baugerüstes schützend davor gehangen hätte. Glück gehabt.

Warum aber gibt es trotz dieses erdrückenden Arguments eine kleine Schar von Unbelehrbaren, Leute, die mit dem Gasgrill braten und Leute, die diese Würste auch noch essen?

1. Statistisch gesehen ist das Risiko der Bratwurststand-Gasexplosion nicht allzu hoch. Und da Thüringen schon eine Explosion hinter sich hat, wird es bis zur nächsten bestimmt noch dauern. Diese Tatsache erleichtert es Hausbesitzern, dem Holzkohlegrill das Aufenthaltsrecht direkt vor der Haustür zu verweigern und stattdessen den Gasgrill zu dulden. Angeblich müssen sie dann nicht jedes Jahr die Fassade neu anpinseln.
2. Neben dem Bratwurstrost steht ein Autohaus. Dessen Besitzer klagte erfolgreich gegen den Holzkohlegrill, weil er die Holzkohleasche auf seinen nagelneuen Autos nicht mochte.
3. Manche Bratwurstanbieter haben den Drang nach Vergrößerung verspürt. Ein Bratwurst-Eigenheim sollte es sein, schön überdacht, mit Herd, Spülbecken, Sitzplätzen und erweitertem Imbissangebot. Wenn aber Spiegelei und Schnitzel in der Pfanne brutzeln, sollte nebenan niemand Staub oder Asche aufwirbeln, auch kein Holzkohlegrill.
4. Es hat sich noch niemand beschwert, und das seit mehreren Jahren. Heißt so viel wie: Man schmeckt den Unterschied nicht (oder kaum). Das ist das Totschlagsargument der Gasbrater.

Residenzstadt

Wir bieten mehr als Bratwürste

Eine liebenswerte Stadt mit großer Geschichte hält für Sie zahlreiche Stadtführungen bereit. Wir laden Sie ein, zu einem unterhaltsamen Rundgang, zum Verweilen in einer unserer zahlreichen kleinen Lokalitäten, zum Träumen oder zum Bratwurstessen.

Tourist-Information Gotha/Gothaer Land
Hauptmarkt 33, 99867 Gotha
Tel.: +49 (0) 36 21 / 50 78 57 12
Fax: +49 (0) 36 21 / 50 78 57 20
E-Mail: tourist-info@gotha.de
www.gotha.de

Waltershausen

Standort (fürs Navi)
99880 Waltershausen (keine Straßeneingabe erforderlich)

Marion's Suppenschüsselchen

Das ist wirklich ein seltener Anblick: eine Frau und jede Menge Technik in einem großen, überdachten Anhänger. Die Spezialanfertigung bietet Platz für Gulaschkanone (das hat sonst nur das THW), Waschbecken, Kühltruhe und für den Rost natürlich.

Anfahrt:
A 4 Richtung Frankfurt - Abfahrt Waltershausen, Richtung Waltershausen, gleich links

Parkplatz: ja

WC: nein

Rost brennt seit: 2002

Bratwurst bei Regen/Schneefall:
Vordach vom Stand

Wer steht am Rost:
Marion Hahn

Holzkohle: ja

Preis: 1,60 Euro (125 g)

Bratwurst:
Thüringer Landstolz Schmalkalden

Gewürze: Salz, Pfeffer, Knoblauch, Muskat, (kein Kümmel)

Brötchen: Aufbackbrötchen

Senf/Ketchup: Born

Extras: aus der Gulaschkanone: Gulasch mit Nudeln, Erbsen- und Möhrensuppe; alkoholfreie Getränke, Kaffee; Obstverkaufsstand gegenüber

Bratwurstessen und Entspannen:
Blick zum Inselsberg

Wohin mit der Bratwurstenergie:
Schloss Tenneberg, Inselsberg

Wann brennt der Rost:
ganzjährig: montags bis freitags von 10.30 bis 17.00 Uhr

Winterstein/Emsetal

Standort (fürs Navi)
99891 Winterstein/Emsetal, Liebensteiner Straße

Imbiss „Am Gerberstein"

Bratwurst und Klassik auf einmal, das geht nicht nur in Weimar. Richten Sie die Augen einmal weg von Brötchen, Wurst und Senf in Richtung Süden. Dort erblicken Sie die Schillerbuche. Heimatbewusste Thüringer gaben ihr 1905 diesen Namen zum 100. Todestag des Dramatikers. Inzwischen hat der Baum selbst manches Drama erlebt. Zuletzt im Winter 2010, als Wind und Schneelast ihn um einige Meter kürzer machten.

Anfahrt: von Winterstein kommend die Liebensteiner Straße (L 1027) bis Parkplatz am Rennsteig weiterfahren

Parkplatz: ja

WC: Toilettenkabine

Bratwurst bei Regen/ Schneefall:
Vordach vom Stand

Wer steht am Rost:
Oliver Neubauer

Rost brennt seit: 1991

Bratwurst:
Fleischerei Walther Steinbach

Gewürze: Salz, Pfeffer, Kümmel gemahlen, Knoblauch

Holzkohle: ja

Preis: 1,80 Euro (150 g)

Brötchen:
Backhaus Nahrstedt Meiningen

Senf: Born

Extras: Wurstverkauf; Kaffee, Bier, Limo, Glühwein mit Studentenfutter (Spezialität des Hauses: wird von Kunden schon mit Herbstbeginn sehnsüchtig nachgefragt)

Bratwurstessen und Entspannen:
Blick auf Thüringer Wald - grün oder verschneit, Schillerbuche

Wohin mit der Bratwurstenergie:
Rennsteigwanderung oder Skilanglauf, Park und Schloss Altenstein

Wann brennt der Rost:
ganzjährig: dienstags bis sonntags von 11.00 bis 19.00 Uhr

Ilmenau

Standort (fürs Navi)
98693 Ilmenau, Erfurter Straße

Axel's Grillimbiss

Über 20 Jahre sind Ulrike und Axel Rohm inzwischen verheiratet, nur etwas länger als ihre gemeinsame Zeit am Rost. Und was lernen wir daraus? Gemeinsames Bratwurstbraten macht glücklich. Hier bewahrheitet sich wieder einmal die Lebensweisheit: Alte Liebe rostet nicht - schon gar nicht am Bratwurstrost.

Anfahrt: A 71 Abfahrt Ilmenau West - Richtung Ilmenau (B 4), Ortseingang Ilmenau rechts

Parkplatz: ja

WC: ja

Wer steht am Rost:
Ulrike und Axel Rohm

Bratwurst bei Regen/ Schneefall:
Hütte mit Stehtischen, überdachte Sitzbänke

Rost brennt seit: 1991

Bratwurst:
Thüringer Landstolz Schmalkalden

Gewürze: Salz, Pfeffer, Knoblauch, Muskat, (kein Kümmel)

Holzkohle: ja

Preis: 1,50 Euro (100 g)

Brötchen:
Bäckerei Weisheit Geraberg

Senf/Ketchup: Born, Bautz'ner

Extras: selbsteingelegte Rostbrätel nach alter Thüringer Tradition, Schaschlik, Beefsteak vom Rost; Thüringer Getränke der Schlossbrauerei Schwarzbach, Kaffee, Glühwein, Grog, Kakao

Bratwurstessen und Entspannen: Blick auf den Thüringer Wald/Ilmenau

Wohin mit der Bratwurstenergie: wandern zum Schöffenhaus ca. 3 km, zur Hohen Warte ca. 6 km, Freizeitbad Hammergrund, Eishalle

Wann brennt der Rost: ganzjährig
Neujahr bis März: montags bis freitags von 9.00 bis 17.00 Uhr
April bis Weihnachten: montags bis freitags von 8.00 bis 18.00 Uhr

Weimar

Bratwurstpoint Lutz Teufel

Standort (fürs Navi)
99423 Weimar, Markt

Weimar ist international - hierher kommt die ganze Welt wegen Schiller, Goethe und dem Bauhaus. Doch Wissensdurst ist das eine. Ab und an muss jeder Tourist auch an den Magen denken. Vom Duft der Bratwurst angelockt, gibt es für ihn dann nichts Schöneres, als ein paar Worte in seiner Muttersprache zu entdecken. Thüringer Rostbratwurst - auf Chinesisch, Koreanisch, Japanisch.

Anfahrt: Richtung Zentrum/Rathaus über Ackerwand oder Marstallstraße

Parkplatz: ja (gebührenpflichtig)

WC: ja
(öffentlich hinter Ratskeller)

Bratwurst bei Regen/Schneefall: Vordach vom Stand

Wer steht am Rost:
Elvira Teufel

Rost brennt seit: 1990

Bratwurst:
Weimarer Wurstwaren Nohra

Gewürze: Salz, Pfeffer, Kümmel gemahlen und ganz

Holzkohle: ja

Preis: 1,80 Euro (150 g)

Brötchen:
Wiener Feinbäcker Heberer Weimar

Senf/Ketchup: Bautz'ner

Extras: Currywurst mit heißer Currysoße (eigene Kreation), Putenhacksteak, Thüringer Rostbrätel; alkoholfreie Getränke, Kaffee, Tee

Bratwurstessen und Entspannen:
herrliche Kulisse des Weimarer Marktplatzes

Wohin mit der Bratwurstenergie:
Bummel durch Innenstadt mit Frauenplan und Schillerstraße, Park an der Ilm

Wann brennt der Rost: ganzjährig
montags bis samstags von 10.00 bis 19.00 Uhr
jeden dritten Sonntag von 10.00 bis 19.00 Uhr
(im Wechsel mit weiteren Bratwurstständen auf dem Markt)

Bratwurst für Touristen.

Noch hängen sie aufmerksam an den Lippen ihres Reiseführers, die Touristen aus Japan auf dem Weimarer Markt. Nur der kleine Herr ganz außen wirkt leicht abwesend und folgt mit den Augen der Richtungsvorgabe seiner Nase. Es durftet nach Brat… ja nach was nur? Zwei, drei Sekunden später schubst er seinen Nachbarn leicht in die Seite und zeigt auf ein grünes Schild am Bratwurststand. Beide Touristen lächeln und tuscheln mit dem nächsten verfügbaren Nachbarn. Die Gruppe wird langsam unruhiger und dann passiert das, was Japaner angeblich am liebsten tun, sie zücken alle ihre Fotoapparate. Was ist passiert?

Hier am Bratwurstpoint von Lutz Teufel finden sich Japaner, aber auch Chinesen und Koreaner, ohne fremde Hilfe zurecht. Denn auf besagtem Schild steht es weiß auf grün in ihren Sprachen: Thüringer Bratwurst. Dazu kommen noch Russisch und Englisch. Jetzt ist die Übersetzung ins Russische und Englische keine allzu große Herausforderung, aber Chinesisch, Koreanisch, Japanisch? In Weimar muss man dafür kein Übersetzerbüro bemühen, man erledigt das per Nachbarschaftshilfe.

Gleich hinterm Markt steht nämlich die Hochschule für Musik. Und von dort kommen gerade zur Mittagszeit die Studenten im Stundentakt zum Bratwurstessen, auch Studenten aus China, Südkorea und Japan. Man isst und unterhält sich und beschließt ein gemeinsames Übersetzungsprojekt. Die Schriftzeichen für Thüringer Bratwurst werden einfach auf einen Zettel gemalt, dieser wird einer Grafikfirma vorgelegt und fertig sind die Schriftzüge mit den lustigen Zeichen, die nur die Studenten und Touristen verstehen. Jetzt sollen noch Spanisch und Französisch folgen, aber da reicht bestimmt auch das Taschenwörterbuch.

PS: Und für Gäste aus Ostthüringen könnte man noch die Bezeichnung Roster in die Übersetzungsliste aufnehmen. Wenn Gastfreundschaft, dann richtig.

Freizeitpark Stausee Hohenfelden!

Erleben Sie einen schönen Grillabend am Stausee Hohenfelden!

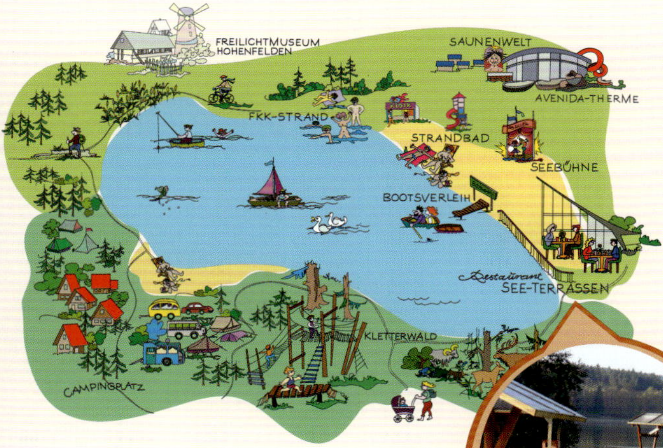

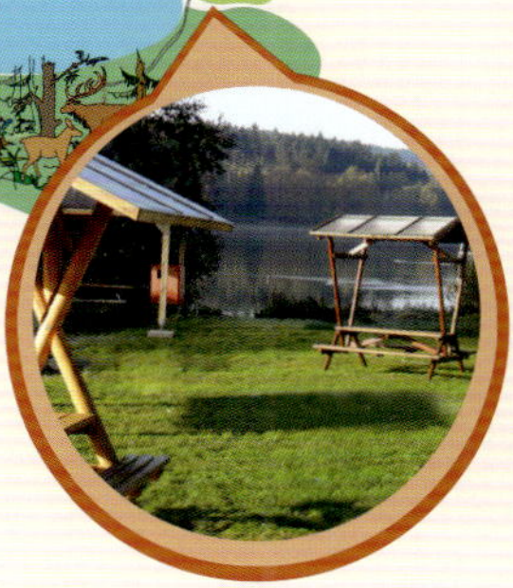

Erleben Sie einen schönen Grillabend am See im Freizeitpark Stausee Hohenfelden! Nutzen Sie den voll ausgestatteten Grillplatz des Freizeitparks Stausee Hohenfelden für Ihre eigene Sommerparty. Genießen Sie den herrlichen Ausblick auf den See und die Entspannung in der Natur. Hier können Sie mit bis zu 40 Personen selbst die Grillzange schwingen oder sich vom Restaurant SEE-TERRASSEN mit einem köstlichen Barbecue bewirten lassen.

Wir freuen uns, Sie im Freizeitpark Stausee Hohenfelden begrüßen zu dürfen.

Weitere Informationen finden Sie unter:
www.seeterrassen-hohenfelden.de oder www.stausee-hohenfelden.de.

Restaurant SEE-TERRASSEN
Am Stausee 2 | 99448 Hohenfelden
Fon: [03 64 50] 42 397
Fax: [03 64 50] 42 302
Mail: info@seeterrassen-hohenfelden.de

Bad Salzungen

Futterkiste II

Standort (fürs Navi)
36433 Bad Salzungen, Leimbacher Straße 86

Bad Salzungen hat schon viele Leute gesund und wieder glücklich gemacht. Und das mit einem einfachen Haus- oder Stadtrezept: mit der ortseigenen Salzbrühe. Die Sole - zu finden im Gradierwerk oder im Keltenbad - hat sie alle vertrieben, den hartnäckigen Husten oder den lästigen Heuschnupfen. Wenn Sie jetzt noch nach etwas Salz für den Gaumen oder den Magen suchen, dann lösen Sie dieses Problem am besten mit einer Bratwurst.

Anfahrt: der Ausschilderung Richtung Zentrum folgen, dann Richtung Vacha, in Leimbacher Straße rechts,
(wer die Ortsumgehung B 62 fährt, verpasst den Stand)

Parkplatz: ja

WC: ja

Bratwurst bei Regen/Schneefall:
Vordach vom Stand, Stehtische in beheizter Imbissstube

Wer steht am Rost:
Ina Rudolph

Rost brennt seit: 2010

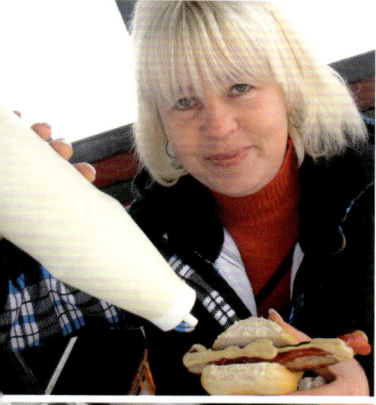

Bratwurst:
Thüringer Landstolz
Schmalkalden

Gewürze:
Salz, Pfeffer, Knoblauch, Muskat
(kein Kümmel)

Holzkohle: ja

Preis: 1,50 Euro

Brötchen:
Backhaus Jäger Breitungen

Senf/Ketchup: Born

Extras:
hausgemachter Kartoffel- und
Nudelsalat;
alkoholfreie Getränke, Kaffee,
Glühwein

**Bratwurstessen
und Entspannen:**
Blick ins Werratal

**Wohin mit der
Bratwurstenergie:**
Kurpark, Gradierwerk, Keltenbad,
Spaziergang zur Futterkiste I
in Albert Schweizer Straße
(ganzjährig geöffnet,
montags bis freitags von
9.30 bis 17.30 Uhr)

Wann brennt der Rost:
ganzjährig: montags bis freitags von 9.30 bis 17.30 Uhr

Hörselberg-Hainich/Behringen

Standort (fürs Navi)
99947 Hörselberg-Hainich/Behringen, Rödergasse

Imbiss-Oase

In Behringen müssen Sie wirklich nichts entbehren. Sie finden Kultur mit dem Renaissance Schloss, Sie finden Ruhe im Park mit seiner imposanten Weymouthskiefer und Sie finden Bewegungsmöglichkeiten. Denn hier beginnt der Wanderweg „Rennstieg" durch den Hainich. Ach ja, und original Thüringer Küche finden Sie auch, am Bratwurststand von Silvio Fischer.

Anfahrt:
B 84 von Bad Langensalza kommend Richtung Eisenach, Hauptstraße (B 84) biegt scharf links ab - hier rechts abbiegen in Rödergasse bzw. zur Kirche

Parkplatz: ja

WC: Toilettenkabine

Bratwurst bei Regen/ Schneefall:
Stand überdacht und gegen ungemütliches Wetter geschützt

Wer steht am Rost:
Silvio Fischer

Rost brennt seit: 1991

Holzkohle: ja

Bratwurst: Landfleischerei Wollenhaupt Wolfsbehringen

Gewürze: Salz, Pfeffer, Kümmel gemahlen, Knoblauch

Preis: 1,60 Euro (140 g)

Brötchen:
Bäckerei Topf Sonneborn

Senf/Ketchup: Born

Extras:
Brätel; alkoholfreie Getränke

Bratwurstessen und Entspannen:
Blick zur Kirche

Wohin mit der Bratwurstenergie:
Nationalpark Hainich, Hörselberg

Wann brennt der Rost: ganzjährig
montags bis freitags von 9.00 bis 21.00 Uhr
samstags/sonntags von 11.00 bis 21.00 Uhr

Brotterode

Standort (fürs Navi)
98599 Brotterode, Kleiner Inselsberg 1

Grenzwiese am Rennsteig

Wer hier am Kleinen Inselsberg vorbei kommt, der sollte mal über die berühmte Frage nachdenken: Welche drei Dinge würde ich mit auf eine einsame Insel nehmen? Einen Grill, Holzkohle, Anzünder… Mist, da fehlt noch was! Kommen Sie besser gleich zur „Bratwurstinsel" am Kleinen Inselsberg, da kann nichts schief gehen!

Anfahrt:
Landstraße zwischen Tabarz und Brotterode (L 1024), Hotel und Gasthaus „Kleiner Inselsberg"

Parkplatz: ja

WC: ja

Bratwurst bei Regen:
Vordach vom Stand, Schirme im Sommer

Wer steht am Rost:
Gerhard Nonn

Rost brennt seit: 1991

Bratwurst:
Handschuhmacher Feinkost Möhra

Gewürze:
Salz, Pfeffer, Kümmel gemahlen

Holzkohle: ja

Preis: 1,80 Euro

Brötchen: Aufbackbrötchen

Senf/Ketchup: Born

Extras:
Schnitzel, Currywurst, hausgemachter Kartoffelsalat, 5er Päckchen frische Bratwürste zum Mitnehmen; Getränke, Eis

Bratwurstessen und Entspannen:
Blick zum Inselsberg

Wohin mit der Bratwurstenergie:
Aufstieg zum Großen Inselsberg, Wanderung zum Mummelstein, Sommerrodelbahn

Wann brennt der Rost: Mai bis Oktober: täglich von 10.00 bis 18.00 Uhr (auch an sonnigen Winterwochenenden)

Eisenach, Hohe Sonne

Grill „Hohe Sonne" (Rennsteig)

Standort (fürs Navi)
99817 Eisenach, Hohe Sonne (Rennsteig)

Warum zieht es Wanderer immer wieder auf den Rennsteig? Der Drang nach Bewegung? Oder die frische Luft auf der Höhe? Beides! Frische Luft macht bekanntlich hungrig. Und wenn noch ein paar Wanderkilometer dazu kommen, wird man noch hungriger. Und dann gibt es nichts Schöneres, als das lästige Hungergefühl gleich am Wegesrand wieder loszuwerden.

Anfahrt: B 19 von Eisenach kommend Richtung Meiningen

Parkplatz: ja

WC: Toilettenkabine

Bratwurst bei Regen/ Schneefall:
überdachte Holzbänke

Wer steht am Rost:
Frank Schmidt

Rost brennt seit: 1970

Bratwurst:
Fleischmarkt Aschara

Gewürze: Pfeffer, Salz, Kümmel gemahlen, Knoblauch, Majoran

Holzkohle: ja

Preis: 1,70 Euro (125 g)

Brötchen:
Bäckerei Eichholz Mihla

Senf/Ketchup: Born

Extras: hausgemachte Erbsen- und Gulaschsuppe, Gulasch mit original Thüringer Klößen; Original Thüringer Fassbrause, Glühwein

Bratwurstessen und Entspannen:
Blick zur Wartburg, Rennsteig

Wohin mit der Bratwurstenergie:
Drachenschlucht, Aussichtspunkt Hirschstein, über Wilhelmsthal zum Campingpark Eisenach am Altenberger See wandern

Wann brennt der Rost: ganzjährig
März bis Oktober: täglich von 9.00 bis 19.00 Uhr
November bis Februar: dienstags bis sonntags von 9.00 bis 17.00 Uhr

Zum App-beißen gut.

Es ist Mittagszeit in Thüringen. Sie haben Hunger. Seit geraumer Zeit schwirrt eine frisch gegrillte Thüringer Bratwurst durch Ihren Kopf. Der Griff ins Handschuhfach Ihres Autos endet im Leeren. Wo ist der Bratwurstführer? Verborgt. Oder zu Hause gelassen. Oder verschenkt, um jemandem eine Freude zu bereiten. Und nun?

Nun wird das Handy wieder mal zum wichtigsten Helfer. Denn für Ihren mobilen Freund und Wegbegleiter gibt es **die erste Thüringer Bratwurst-App der Welt**. **Und das auch noch kostenlos.** Keine Sorge, das Mobiltelefon wird nicht zum Grill. Aber mit der Bratwurst-App verrät es Ihnen, wo Sie gerade sind, wo sich der nächste Bratwurststand befindet, ob er geöffnet hat und wie Sie dorthin kommen.

Gönnen Sie doch den nächsten Bratwurst-Download einfach Ihrem Handy! Alle Informationen finden Sie auch im Internet unter **www.bratwurstfuehrer.de**.

Ihre Verbindung zum Netzwerk.

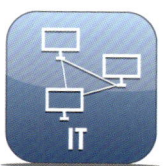

IT - Dienstleistungen
· Hardware liefern, anschließen, konfigurieren und warten (Server, PC, IT-Technik usw.)
· Netzwerke planen, bereitstellen und warten
· Vor Ort Service und Fernwartung

Tool - Werkzeuge für Ihren Erfolg
· Virtual Access mit G/On
· IronKey - manipulationssichere USB Sticks
· Virenschutz für Netzwerke, Server und PC's (Cloud-Lösungen)

Webdesign und mobile Entwicklung
· Websites erstellen, pflegen und warten
· Online Marketing
· **Entwicklung von iPhone-Apps**

Schulungen
· Schulungen der Mitarbeiter für Unternehmens-Software
· Unternehmensberatung und Controlling
· Kommunikationsberatung

YourCon GmbH
Im Flarchen 5 | 99974 Mühlhausen
Telefon 03601 88 86 87-0 | Fax 03601 88 86 87 88
info@yourcon.de | **www.yourcon.de**

Eisenach, Mariental

Standort (fürs Navi)
99817 Eisenach, Mariental

Marientalhütte

Die Wartburg soll es ja unbedingt sein, den Wartburg wollen Sie auch mal bestaunen (im Automobilmuseum) und im Kinderzimmer von Johann Sebastian Bach würden Sie sich auch gern umsehen. Zu schaffen ist dieses ehrgeizige Programm nur mit etwas Fitness und genügend Energie. Deswegen steht die Marientalhütte gleich am Parkplatz P2 und Sie können Ihren Stadtrundgang mit einer Bratwurst beginnen und auch beenden.

Anfahrt:
B 19 Richtung Meiningen, Ortsausgang (Parkplatz 2)

Parkplatz: ja

WC: nein

Bratwurst bei Regen/Schneefall: beheizter Gastraum

Wer steht am Rost:
Karin Langner

Rost brennt seit: 1990

Bratwurst:
Thüringer Landstolz Schmalkalden

Gewürze:
Salz, Pfeffer, Kümmel gemahlen und ganz, Knoblauch, Muskat

Holzkohle: ja

Preis: 1,60 Euro (110 g)

Brötchen:
Bäckerei Rabe Eisenach

Senf/Ketchup: Born

Extras:
Schnitzel, Marientalburger, Drachenschluchtburger; Fassbier, Glühwein

Bratwurstessen und Entspannen:
rustikale Sitzgruppen an kleinem Teich zum Seele baumeln lassen

Wohin mit der Bratwurstenergie:
Drachenschlucht, Wartburg, Hohe Sonne (Rennsteig), Museumsbesuch in Eisenach

Wann brennt der Rost: ganzjährig (freitags Ruhetag)
Mai bis Oktober: samstags bis donnerstags 11.00 bis 19.00 Uhr
November bis April: samstags bis donnerstags 11.00 bis 17.00 Uhr

Kloster Veßra

Gaststätte und Pension „Goldener Löwe"

Standort (fürs Navi)
98660 Kloster Veßra, Schleusinger Straße 4

Ein Bratwurststand direkt vor der Klostermauer, das hätte früher manches einfacher gemacht. Kloster Veßra war ein Doppelkloster. Hier lebten Mönche und Nonnen hinter einer Mauer und hatten Enthaltsamkeit gelobt. Wer trotzdem von der Fleischeslust geplagt wurde, der wäre mal kurz nach draußen gegangen, immer dem Duft nach.

Anfahrt: Landstraße von Schleusingen Richtung Themar (L 1625), in Kloster Veßra links

Parkplatz: ja

WC: in Gaststätte

Bratwurst bei Regen/ Schneefall:
überdachter Sitzbereich

Wer steht am Rost:
Norbert Kalensee

Rost brennt seit: 1997

Bratwurst:
Fleischerei Fratzscher Schleusingen

Brötchen:
Backhaus Nahrstedt Meiningen

Gewürze: Salz, Pfeffer, ein Hauch Kümmel gemahlen, Knoblauch, Muskat, etwas Zitronenschale

Holzkohle: ja

Preis: 1,80 Euro (125 g)

Senf/Ketchup: Born

Extras:
Brätel, Kartoffelsalat, Gulaschsuppe; alkoholfreie Getränke, Kaffee, Flaschenbier

Bratwurstessen und Entspannen:
Blick auf die Klostermauern

Wohin mit der Bratwurstenergie:
Werratalradweg, Bummel durch Klostergarten mit Freilichtmuseum

Wann brennt der Rost: März bis November montags bis freitags von 9.00 bis 18.00 Uhr; samstags/sonntags von 12.00 bis 18.00 Uhr

Oberland am Rennsteig/Spechtsbrunn

Imbiss „Kalte Küche"

Standort (fürs Navi): **98743 Oberland am Rennsteig/Spechtsbrunn, Gräfenthaler Straße**

Manchmal ist die Thüringer Sprache etwas verwirrend. „Kalte Küche" ist nicht als Zusammenfassung der Speisekarte vom Imbissstand zu verstehen. Also keine Käseplatte und kein Antipastiteller. „Kalte Küche" ist auch kein Hinweis auf das raue und nasse Rennsteigklima, sondern eine Zusammensetzung aus den Begriffen „Calde" (Grenze) und „Kuchel" (Kapelle). Die Kapelle an der Grenze aber steht schon lange nicht mehr. Ein Dach überm Kopf und ein paar nette Worte bekommen Sie jetzt am Imbissstand - und eine Bratwurst selbstverständlich auch.

Anfahrt:
von Neuhaus am Rennweg kommend wahlweise über Lichte oder Ernstthal,
in Spechtsbrunn Richtung Gräfenthal, ca. 400 m hinter Ortsausgang (Straßenkreuzung)

Parkplatz: ja

WC: ja

Bratwurst bei Regen/ Schneefall: Vordach vom Stand, überdachte Sitzbänke

Wer steht am Rost:
Simone Eschrich

Rost brennt seit: 2006

Bratwurst:
Naturfleisch Oberweißbach

Gewürze:
Salz, Pfeffer,
Kümmel gemahlen, Muskat

Holzkohle: ja

Preis: 1,40 Euro (100 g)

Brötchen:
Bäckerei Reichel Piesau

Senf/Ketchup: Born, Bautz'ner

Extras:
selbstgemachter
Kartoffelsalat, Currywurst,
Tagesessen wie bei Muttern
(von April bis November);
Getränke

**Bratwurstessen
und Entspannen:**
Blick zum Rennsteig

**Wohin mit der
Bratwurstenergie:**
kleiner Spaziergang am schönen
Rennsteig entlang

Wann brennt der Rost: ganzjährig (außer bei starkem Schneefall)
Mai bis Oktober: freitags von 8.30 bis 16.00 Uhr
November bis April: freitags von 8.30 bis 15.00 Uhr
Imbiss: montags bis freitags 8.00 bis 17.00 Uhr (Sommerzeit)
montags bis freitags 8.00 bis 16.00 Uhr (Winterzeit)

Creuzburg

Standort (fürs Navi)
99831 Creuzburg, Bahnhofstraße 93

Grillstüb'le Schatz

Es kommt schon vor, dass Thüringen-Liebhaber die Bratwurst als ihren größten Schatz bezeichnen. Probieren Sie in Creuzburg doch mal Folgendes und schlagen Sie Ihrer Ehefrau vor: **„Liebling, lass uns doch mal bei meinem Schatz anhalten!"** Spätestens, wenn sie eine Bratwurst der Fleischerei Schatz gegessen hat, wird sie wieder lächeln können.

Anfahrt:
B 7 Richtung Kassel, links

Parkplatz: ja

WC: ja

Wer steht am Rost:
Peter Schatz u.a.

Bratwurst bei Regen/Schneefall:
überdachte Sitzbänke für die „Sommerwurst", Gastraum mit Kamin für kalte Tage, gemütlicher Raucherraum

Bratwurst: eigene Herstellung Fleischerei Schatz

Rost brennt seit: 1998

Gewürze: Salz, Pfeffer, Kümmel gemahlen, Knoblauch, Muskat

Holzkohle: ja

Preis: 1,60 Euro (120 g)

Brötchen:
Bäckerei Koscielsky Treffurt

Senf: Born

Extras: Kartoffelsalat, Eintöpfe, Gulasch aus eigener Herstellung, Wurstverkauf aus eigener Herstellung; verschiedene Sorten Bier, alkoholfreie Getränke, Kaffee, Tee, Glühwein

Bratwurstessen und Entspannen:
Blick ins Werratal und zur Creuzburg

Wohin mit der Bratwurstenergie:
Besuchen Sie die Creuzburg. Hier wohnte die Thüringer Landgräfin Elisabeth (1207-1231) viele Jahre und brachte zwei ihrer drei Kinder zur Welt. Wem die Bratwurst zu schwer im Magen liegt, der geht einfach mal über die Werra und wieder zurück und benutzt dafür die Brücke aus dem Mittelalter. Sie ist die älteste Natursteinbrücke nördlich des Mains und Landgräfin Elisabeth ist damals auch darüber geritten.

Wann brennt der Rost: ganzjährig (außer 01.01, 25./26.12.)
montags bis freitags von 10.00 bis 18.00 Uhr
samstags von 10.00 bis 17.00 Uhr, sonntags von 10.00 bis 18.00 Uhr

Creuzburg

Leben wie Gott in Thüringen.

Er ist die goldene Stimme aus Prag und er weiß, was er mag. Karel Gott liebt Thüringer Wurst und seine „Wurstschätze" holt er regelmäßig bei Familie Schatz. Angefangen hat alles im Frühjahr 1997. Der Schlagersänger wollte zum Auftritt nach Kassel und fuhr hungrig durch Creuzburg. „Glück gehabt, mein Lieber", kann man im Nachhinein nur sagen, „dass Du kurz vor der hessischen Landesgrenze noch was gefunden hast." Familie Schatz hatte gerade erst mit dem öffentlichen Bratwurstbraten angefangen, ein kleiner Grillstand mit Holzhütte an der B 7.

Noch zweimal kam der gute Karel in dem Jahr vorbei, aß seine Bratwurst und ließ sich Knackwurst, Rotwurst und Sülze für daheim einpacken. Als er ein Jahr später wieder in Creuzburg auftauchte, packte ihn das blanke Entsetzen: kein Bratwurstduft, keine Rauchschwaden an der gewohnten Stelle. Der Stand war weg. Da zahlte es sich aus, dass Karel Gott nicht nur deutsche Schlagertexte singen, sondern auch mal eine Frage auf Deutsch stellen konnte: „Wo ist der Stand mit der leckeren Bratwurst?" Die freundlichen Creuzburger erklärten ihm, dass 200 Meter weiter die Bratwurstwelt wieder in Ordnung ist.

Dort traf er Familie Schatz wieder, die inzwischen ein Grundstück erworben und eine Bratwursthütte gebaut hatte. Denn Karel Gott war nicht ihr einziger guter Bratwurstkunde gewesen.

Nougat und Schokolade erleben!

In der gläsernen Viba Nougat-Welt erwartet Sie eine museale & interaktive Ausstellung sowie Schaufertigung, Schoko-Kurse zum Mitmachen, ein attraktiver Park & Spielplatz, Bistro, Lounge, Café-Bar sowie ein süßes Einkaufsparadies mit riesiger Präsente-Auswahl

... und vieles mehr!

Viba NOUGAT Welt
... die Erlebnis-Confiserie!

Viba Nougat-Welt · Nougat-Allee · 98574 Schmalkalden · Tel.: 0 36 83/69 21 600
Eröffnung Februar 2012 · www.viba-sweets.de

Lauscha

Standort (fürs Navi)
98724 Lauscha, Straße des Friedens 9

Metzgerei Moppel

Der Duden sagt es klar und deutlich, ein Moppel ist umgangssprachlich für **„kleiner, dicklicher Mensch"**. Nicht gerade charmant, aber irgendwie auch ein bisschen süß. Und wenn Männer Kosenamen wie **„Na, Du kleines Moppelchen"** geben, dann meinen sie gut sichtbare und richtig proportionierte Kalorien. Und für einen Fleischer gibt es doch nichts Schöneres, als dass es den Kunden schmeckt. Da darf es ruhig ein wenig „moppeln".

Anfahrt: Landstraße Richtung Steinach / Sonneberg (L 1149), Stadtzentrum Lauscha

Parkplatz: ja

WC: ja

Bratwurst bei Regen/Schneefall: Vordach vom Stand, Sitzplätze in Fleischerei

Wer steht am Rost: Andreas Wiegand

Rost brennt seit: 1995

Bratwurst: eigene Herstellung

Hauptgewürz: Salz, Pfeffer, Muskat, (kein Kümmel)

Holzkohle: ja

Preis: 1,40 Euro (100 g)

Brötchen: Bäckerei Brückner aus Lauscha

Senf/Ketchup: Born

Extras: im Fleischereigeschäft: Frühstück - belegte Brötchen, Hackepeter, gebackener Bratwurstteig mit Zwiebeln, Mittagsangebot warm und kalt - alles hausgemacht; alkoholfreie Getränke, Kaffee, Tee, Flaschenbier

Bratwurstessen und Entspannen: Blick auf Kirche von Lauscha

Wohin mit der Bratwurstenergie: wandern in den Wäldern von Lauscha oder auf dem Rennsteig

Wann brennt der Rost:
ganzjährig: freitags von 7.30 bis 14.00 Uhr

Marksuhl, Wilhelmsthal

Standort (fürs Navi)
99819 Marksuhl, Wilhelmsthal

Wanderrast „Zum Auerhahn"

Der Auerhahn gilt als scheues Tier, das den Tag mit Waldbeeren naschen verbringt und sich gern hinter Nadelbäumen versteckt. Das Versteck spielen hat anfangs auch ganz gut geklappt, doch irgendwann wurden die Jäger zu Spielverderbern. Das alles muss heute nicht mehr sein, denn für den Appetit mitten im Wald gibt's die Wanderrast „Zum Auerhahn".

Anfahrt:
B 19 von Eisenach kommend Richtung Meiningen, in Wilhelmsthal auf B 19 bleiben, links

Parkplatz: ja

WC: ja

Bratwurst bei Regen/Schneefall:
Vordach vom Stand

Wer steht am Rost:
Hartmut Zemla

Rost brennt seit: 2010

Bratwurst:
Fleischerei Fischer Eisenach

Gewürze: Salz, Pfeffer, Kümmel gemahlen, Knoblauch

Holzkohle: ja

Preis: 1,70 Euro (120 g)

Brötchen:
Bäckerei Rabe Eisenach

Senf/Ketchup: Born

Extras: Brätel, Kartoffelsalat selbstgemacht; alkoholfreie Getränke, Kaffee, Cappuccino, Fassbier, Fassbrause

Bratwurstessen und Entspannen:
Blick zum Wilhelmsthaler See

Wohin mit der Bratwurstenergie:
Wanderung um Wilhelmsthaler See oder zur Hohen Sonne (Rennsteig) über Hochwaldgrotte

Wann brennt der Rost:
März bis Oktober: mittwochs bis montags von 11.00 bis 18.00 Uhr

Meiningen

Imbiss „Am Stillhof"

Standort (fürs Navi)
98617 Meiningen, Stillhof

Psssst… Sie müssen jetzt ganz leise sein und Ihre Wurst im Flüsterton bestellen. Denn Sie befinden sich am Imbiss Am Stillhof!! …ist natürlich alles Quatsch. Der Name kommt vom Wald gleich nebenan. Dort stand früher mal ein Gutshof und der hieß Stillhof. Den Namen hat man gern behalten, weil er so gut passt. Denn hier können Sie Ihren Heißhunger nach Bratwürsten stillen!

Anfahrt: B 19 Ortsausgang Meiningen Richtung Mellrichstadt / Bad Neustadt

Parkplatz: ja

WC: ja

Bratwurst bei Regen/ Schneefall:
Schutz bietet das Hüttendach

Wer steht am Rost:
Franziska Heim

Rost brennt seit: 1990

Bratwurst:
Metzgerei Kutzner Untermaßfeld

Gewürze:
Salz, Pfeffer, Knoblauch, (kein Kümmel)

Holzkohle: ja

Preis: 1,40 Euro (100 g)

Brötchen: Bäckerei Holland-Cunz aus Meiningen

Senf/Ketchup: Born

Extras: Knacker, Rostbrätel; alkoholfreie Getränke, Glühwein, Grog

Bratwurstessen und Entspannen: Blick aufs Werratal

Wohin mit der Bratwurstenergie: Werratal- und Sülzetalradweg

Wann brennt der Rost: ganzjährig (außer 24. bis 26./31.12., 01.01.) täglich von 10.00 bis 18.00 Uhr (zur Winterzeit bis Einbruch Dunkelheit)

Steinheid OT Limbach

Standort (fürs Navi)
98749 Steinheid OT Limbach, Eisfelder Straße

Willi's Imbiß

In Limbach stehen Sie an der Wiege der Thüringer Esskultur. Hier wurde Mitte des 18. Jahrhunderts das Thüringer Porzellan erfunden und hergestellt. Vorher konnten das nur die Chinesen und der König von Sachsen. Genau da, wo sich früher der Park der Porzellanmanufaktur befand, steht heute der Imbisswagen. Dort wird die Bratwurst zwar nicht auf dem Porzellanteller serviert, dafür aber praktisch im Brötchen. Auch das ist Esskultur!

Anfahrt:
von Katzhütte kommend
Kreuzung L 1112/B 281

Parkplatz: ja

WC: Toilettenkabine

Bratwurst bei Regen/ Schneefall:
kleines Vordach am Imbisswagen

Wer steht am Rost:
Uwe Wilke

Rost brennt seit: 1992

Bratwurst:
Naturfleisch Oberweißbach

Preis: 1,40 Euro (100 g)

Gewürze:
Salz, Pfeffer,
Kümmel gemahlen, Muskat

Holzkohle:
immer donnerstags, sonst Gas

Brötchen:
Bäckerei Anton Steinheid

Senf: Born

Extras:
selbstgemachter Kartoffelsalat,
Suppen, Kesselgulasch;
alkoholfreie Getränke, Kaffee

Bratwurstessen und Entspannen:
Blick auf Thüringer
Schiefergebirge mit Skihang

Wohin mit der Bratwurstenergie: Wanderung auf Rennsteig,
Skilift, Goldmuseum Theuern, Grabkapelle Familie Greiner

Wann brennt der Rost:
ganzjährig: montags bis freitags von 8.00 bis 18.00 Uhr

Die Bratwurst und das Porzellan.

Es geht nicht immer gerecht zu in der Welt der Bratwurststände. Wer seine Wurst auf dem Marktplatz von Weimar isst, der schaut mal kurz zu den Wegweisern und weiß spätestens beim Mundabwischen, wie er zum Goethehaus kommt. Doch in Limbach? Auch hier gibt es jede Menge Kultur gleich neben dem Rost, doch weder Wegweiser noch Reiseführer. Deswegen wollen wir kurz die wichtigsten Fragen der Limbacher Porzellan-Geschichte klären.

Warum gerade hier oben, mitten im Wald?
Porzellan, das heißt so viel wie vornehm und zerbrechlich. Zwei Eigenschaften, die im Porzellan-Erfindungsjahr 1772 überhaupt nicht in diese Gegend passen. Hier gibt es Bäume ohne Ende, Wind, Regen, Kälte und Schnee. Und wer trotzdem hier lebt, der wird vielleicht mit selbstgeschnitzten Holzlöffeln essen, aber kaum vom Porzellanteller.

Die Ressourcen stimmen einfach. Kaolin, die Porzellanerde, gibt es in rauen Mengen. Ähnlich gut sieht es bei Wasser und Brennholz aus. Auch die Infrastruktur ist ganz passabel, qualifizierte Arbeitskräfte kommen aus Bergbau und Glasindustrie.

Warum war es so erfolgreich, das Limbacher Porzellan?
Porzellan-Erfinder Gotthelf Greiner ist innovativ und findet neue Absatzmärkte. Sein Motto: weg von den Thüringer Fürstenhöfen. Deren Zahl ist überschaubar, und die vielen Teilungen, die vielen Kleinstaaten, machen die Landeschefs nicht gerade zahlungskräftiger. Das dicke Portmonee hat neuerdings das Bürgertum. Und das will mit Porzellan nicht nur protzen, sondern auch davon essen. Limbach liefert das Gebrauchsporzellan, das ab und an auch mal herunterfallen darf.

Was ist geblieben aus der glorreichen Porzellanzeit?
Ein Brand zerstörte 1845 die gesamte Fabrik. Nur ein einziges Gebäude blieb unversehrt - Greiners Wohnhaus. Dort befindet sich heute die Touristinformation. An der Giebelseite des Hauses sehen Sie das Familienwappen der Greiners - ein Kleeblatt. Neben dem Skihang können Sie die Grabkapelle der Familie besichtigen.

WERKSVERKAUF
WEIMAR PORZELLAN
... zum Verlieben schön!

TRADITION VERBINDET

WEIMAR PORZELLAN WERKSVERKAUF
Christian-Speck-Strasse 5 · D - 99444 Blankenhain / Thüringen
MO - FR von 9.00 bis 18.00 Uhr · SA von 9.00 bis 16.00 Uhr
Telefon: 0049(0) 36459-60-194 · Fax: 0049(0) 36459-60-309
werksverkauf@weimar-porzellan.de

Standort (fürs Navi)
98724 Neuhaus am Rennweg, Eisfelder Straße 44

Grillhütte am „Rennsteighotel Herrnberger Hof"

Keine Angst, die Bratwurst wird Ihnen nicht wegrennen. Auch wenn der Rost fast auf dem Rennsteig steht. Genießen Sie in über 800 Metern Höhe die einmalige Kombination aus Höhenluft und Bratwurstduft.

Anfahrt:
B 281 Ortsausgang Richtung Eisfeld (für Wanderer: direkt am Rennsteig)

Parkplatz:
an der Grillhütte oder Hotelparkplatz

WC: im Hotel

Bratwurst bei Regen/ Schneefall:
Vordach vom Stand, Wanderhütte

Wer steht am Rost:
Christian Kleinteich und Team

Rost brennt seit: 1997

Preis: 1,50 Euro (180 g)

Bratwurst:
Fleischerei Koch Ernsthal

Gewürze:
Salz, Pfeffer, (kein Kümmel)

Holzkohle: nein
(Lavasteingrill, bei sonnigem Wetter Holzkohlegrill vor der Hütte)

Brötchen:
Bäckerei Seeber Neuhaus / Schmalenbuche

Senf: Born, Bautz'ner

Extras:
Rostbrätel nach Hausrezept mit geschmolzenen Zwiebeln, Currywurst mit hausgemachter Soße, Suppen; große Auswahl an Getränken, auf Wunsch frisch gezapftes Weißbier, Pils und Schwarzbier, hausgebackene Kuchen

Bratwurstessen und Entspannen:
rustikale Sitzgelegenheit an kleinem Wäldchen

Wohin mit der Bratwurstenergie:
Wanderung Rennsteig

Wann brennt der Rost:
Mitte März (nach Schneelage) bis Oktober:
täglich von 11.00 bis 17.00 Uhr

Standort (fürs Navi)
98724 Neuhaus am Rennweg, Eisfelder Straße 34

Die Waldfleischerei

Bitte nicht wundern, wenn der weltberühmte Rennsteig hier auf einmal Rennweg heißt. Ist eben so. Und egal, ob Sie rennen, bummeln oder Rad fahren, Sie sind auf dem richtigen Weg zur Bratwurst. Und wählerisch dürfen Sie auch sein. Hier gibt's verschiedene Würste auf einem Rost, mal mit, mal ohne Kümmel.

Anfahrt:
B 281 Richtung Eisfeld, Ortsmitte direkt am Kreisverkehr

Parkplatz: ja

WC: ja (im Laden)

Bratwurst bei Regen/Schneefall:
Verzehr im Laden möglich

Rost brennt seit: 2008

Holzkohle: ja

Wer steht am Rost:
Uwe Gebhardt

Bratwurst:
1. Fleischerei
Anschütz Scheibe-Alsbach
2. Schlachthof -
Fleischerei Rudolstadt

Gewürze:
1. Salz, Pfeffer, (kein Kümmel)
2. Salz, Pfeffer, Kümmel gemahlen

Preis: 1,40 Euro (100 g)

Brötchen: Bäckerei Zehendner Schmiedefeld

Senf/Ketchup: Born

Extras:
Wildbratwurst,
Wildspezialitäten,
Wurstverkauf, Imbiss,
selbstgemachte Salate

**Bratwurstessen
und Entspannen:**
Sitzbänke

**Wohin mit der
Bratwurstenergie:**
Holzkirche,
Aussichtspunkt Waidmanns Heil

Wann brennt der Rost:
ganzjährig: dienstags bis freitags von 9.00 bis 16.00 Uhr

Steinbach-Hallenberg

Standort (fürs Navi)
98587 Steinbach-Hallenberg, Suhler Straße 24

Metzgerei Poser
Herges-Hallenberg

Herges-Hallenberg ist genauso ein Teil von Steinbach-Hallenberg wie Kati Wilhelm oder Helmut Recknagel. Während es die Biathletin und der Skispringer schon zum Ehrenbürger geschafft haben, steht der Bratwurst dieser Sprung noch bevor. Sie können sich ja dafür stark machen. Aber erst einmal selbst stärken mit einer Bratwurst frisch vom Rost!

Anfahrt:
von Steinbach-Hallenberg Richtung Viernau/Meiningen (L 1118), Ortszentrum Herges-Hallenberg rechts

Parkplatz: ja

WC: nein

Bratwurst bei Regen/ Schneefall:
Hütte mit Steh- und Sitzplätzen

Rost brennt seit: 1990

Wer steht am Rost:
Annette Walther

Bratwurst: eigene Herstellung

Gewürze: Salz, Pfeffer, Prise Kümmel gemahlen, etwas Knoblauch, Muskat

Holzkohle: ja

Preis: 1,40 Euro (120 g)

Brötchen:
Bäckerei Holland-Moritz Bermbach

Senf: Born

Extras: Kartoffelsalat, Schweinesteak, hausgemachte Bratklopse, Suppe in der kalten Jahreszeit; alkoholfreie Getränke, Kaffee, Tee, Glühwein

Bratwurstessen und Entspannen:
Blick auf Park und Kirche von Herges-Hallenberg

Wohin mit der Bratwurstenergie:
Handwerksmuseum Steinbach-Hallenberg, wandern zur Hallenburg, Schwimmbad Bermbach, Wanderung zum Knüllfeld (im Winter Skigebiet)

Wann brennt der Rost:
ganzjährig: dienstags bis freitags von 10.00 bis 15.00 Uhr

Standort (fürs Navi)
98634 Wasungen

Imbiss „Am Scheftelsbrunnen"

Wasungen könnte auch „Spaßungen" heißen. Hier sind Späße, Fröhlichkeit und bunte Kostüme schon sehr lange zu Hause. Wer es ganz genau wissen will, mindestens seit 1524. Da bezahlte der Bürgermeister einen Eimer Bier für die Narren der Fastnachtsspiele. Auf der Rechnung ist allerdings nichts über Bratwürste vermerkt. Die hat dann vermutlich jemand anderes spendiert.

Anfahrt:
B 19 von Meiningen Richtung Eisenach, vor Ortseingang Wasungen rechts

Parkplatz: ja

WC: ja

Bratwurst bei Regen/ Schneefall:
gemütliche und beheizte Imbissstube

Wer steht am Rost:
Gerhard Reißig

Rost brennt seit: 1990

Bratwurst:
Fleischerei Schmidt Schweina

Gewürze: Salz, Pfeffer, Kümmel gemahlen, Knoblauch

Holzkohle: nein (Gas)

Preis: 1,80 Euro (120 g)

Brötchen: Bäckerei Hess Niederschmalkalden

Senf/Ketchup: Born

Extras:
Brätel, Schnitzel, Fleischklößchen, Currywurst, Soljanka, Gulaschsuppe, Bratkartoffeln, Kartoffelsalat - beides hausgemacht; alkoholfreie Getränke, Kaffee, Tee, Flaschenbier, Glühwein, Grog

Bratwurstessen und Entspannen:
Blick ins Werratal

Wohin mit der Bratwurstenergie:
Spaziergang Forstbotanischer Garten Wasungen, Werratalradweg

Wann brennt der Rost:
ganzjährig: täglich von 8.00 bis 19.00 Uhr

Der besondere Brötchen-Anschnitt.

Wenn man wollte, könnte man die Thüringer Bratwurstbrater dem horizontalen Gewerbe zuordnen. Überall werden die Brötchen, die Bratwursthalter, horizontal angeschnitten. Also ganz normal wie am Frühstückstisch, wenn sie anschließend mit Butter und Marmelade beschmiert werden. Einzige Ausnahme ist der Raum Sonneberg/Neuhaus am Rennweg, hier liegt eine „Brötchen-Enklave".

Hier werden die Brötchen nicht horizontal, sondern vertikal aufgeschnitten. Also nicht seitlich, sondern von oben her. Die Frage nach dem **„Warum?"** ist einfach beantwortet. **„Weil wir das schon immer so machen."**, sagen die Neuhäuser der reiferen Generation. **„Und anders kommt uns die Wurst nicht ins Brötchen."** Leider gibt es nur noch wenige Bratwurststände, die diese Tradition des vertikalen Brötchenschnitts im Standardprogramm pflegen. Aber wenn Sie wie die „Eingeborenen" gezielt danach fragen, dann bekommen Sie auch, was Sie wollen und werden garantiert nicht komisch angeschaut.

Auf den vielen Bratwurstreisen durch Thüringen habe ich einen Stand gefunden, der in Sachen Brötchenschnitt aus der Reihe fällt. Gerhard Reißig aus Wasungen betreibt seinen Imbiss am Scheftelsbrunnen, gute 80 Kilometer von Sonneberg entfernt. Verwandtschaftliche Beziehungen zur „Vertikalschnitt-Region" kann er nicht nachweisen. Also warum?

Er liefert eine logische Begründung für sein Abweichverhalten: Da er neben Bratwürsten noch andere Speisen anbietet, kann es für ihn als Alleinunterhalter in der Küche manchmal etwas hektisch werden. Legt er dann schnell zwei Brötchen mit Bratwurst auf den Tresen, um danach gleich das Schnitzel zu wenden, kann es bei horizontalem Brötchenaufschnitt leicht passieren, dass die Wurst an der Seite wieder herausrutscht. Vertikal angeschnitten aber liegt sie fest und sicher im Brötchen. Die Kunden können in Ruhe nach dem Kleingeld suchen, der Tresen wird nicht mit Senf bekleckert und Gerhard Reißig hat inzwischen auch noch den Kaffee eingegossen. Deshalb.

TOP THÜRINGEN
DAS REGIONALE MAGAZIN FÜR LEBENSART

Thüringens schönste Seiten.

KULTUR I GESELLSCHAFT I MENSCHEN I MODE
WIRTSCHAFT I SCHÖNHEIT I KUNST I TOURISMUS
MOBILITÄT I GESCHICHTE I ESSEN & TRINKEN
GESUNDHEIT I SPORT I REISEN I ERHOLUNG

www.top-magazin-thueringen.de

RÜBE Marketing GmbH I Maximilian-Welsch-Straße 7 I 99084 Erfurt
Telefon 0361 - 3 48 06 -0 I info@ruebe.net

Untermaßfeld

Standort (fürs Navi)
98617 Untermaßfeld, Im Wiesengrund

Rasthof „Im Wiesengrund"

Schauen Sie mal genau auf das Wappen von Untermaßfeld. Neben Henne und Doppeladler fallen gleich zwei Gitter ins Auge. Vielleicht eine frühe Form des Bratwurstrostes? Nicht ganz. Dieser Gitterrost symbolisiert den Strafvollzug, der seit 1813 in den historischen Mauern der ehemaligen Burg besteht. So gesehen wundert es wenig, wenn auch der Rost in Untermaßfeld aus dickem, festem Mauerwerk besteht.

Anfahrt:
A 71 Abfahrt Meiningen-Süd,
B 89 Richtung Meiningen,
links nach Untermaßfeld
abbiegen, im Gewerbegebiet
rechts

Parkplatz: ja

WC: ja

Bratwurst bei Regen/Schneefall: Vordach vom Stand, im Restaurant, Schirm

Wer steht am Rost:
Manfred Zimmermann

Rost brennt seit: 1990

Bratwurst:
Fleischerei Kutzner Untermaßfeld

Gewürze:
Salz, Pfeffer, Knoblauch

Holzkohle: ja

Preis: 1,30 Euro (100 g)

Brötchen: Bäckerei
Holland-Cunz Meiningen

Senf/Ketchup: Born

Extras: komplettes Speise-
und Getränkeangebot in der
Raststätte

**Bratwurstessen
und Entspannen:**
Blick ins Werratal

**Wohin mit der
Bratwurstenergie:**
Werratalradweg,
Schillermuseum Bauerbach

Wann brennt der Rost: ganzjährig
(außer Weihnachten/Silvester/Neujahr)
montags bis freitags von 9.00 bis 20.00 Uhr
samstags von 11.00 bis 20.00 Uhr, sonntags von 14.00 bis 20.00 Uhr

Grill & Imbiss am Bahnhof

Standort (fürs Navi)
98544 Zella-Mehlis, Suhler Straße

Der Bahnhof Zella-Mehlis gehört zu den ganz wenigen seiner Art, wo man dankbar ist, wenn der Anschlusszug mal weg ist. Hier legt man keine Zwangspause ein, sondern eine Genusspause! Gleich vor dem Bahnhofsgebäude am Bratwurststand.

Anfahrt: A 71 Richtung Schweinfurt, Abfahrt Suhl / Zella-Mehlis, Suhler Straße Richtung Zella-Mehlis, links vor dem Bahnhof

Parkplatz: ja

WC: ja

Bratwurst bei Regen/ Schneefall:
Zelt, beheizter Aufenthaltsraum

Wer steht am Rost;
Sylvia und Uwe Lange

Rost brennt seit: 2004

Bratwurst:
Fleischerei Heyder-Burmeister Gehlberg

Gewürze: Salz, Pfeffer, Kümmel gemahlen, Knoblauch

Holzkohle: ja

Preis: 1,70 Euro (110 g)

Brötchen:
Bäckerei Schmidt Suhl

Senf/Ketchup: Born, Bautz'ner

Extras:
Currywurst, Pommes frites, Hamburger; alkoholfreie Getränke, Kaffee, Tee, Glühwein -

Schneebar im Winter

**Bratwurstessen
und Entspannen:**
Blick über die Bahngleise zum Thüringer Wald

**Wohin mit der
Bratwurstenergie:**
Besuch Meeresaquarium, ganzjährig geöffneter Weihnachtsmarkt

Wann brennt der Rost: ganzjährig
montags bis freitags von 9.00 bis 18.00 Uhr
bei schönem Wetter (Sonne, kein strenger Frost) auch am
Wochenende und an Feiertagen von 11.00 bis 17.00 Uhr

Suhl

Standort (fürs Navi)
98527 Suhl, Marktplatz/Döllstraße

Bratwurst-Sepp

Die Suhler hatten schon immer einen Hang zu frischen Produkten. Hier gab es das einzige Sushi-Restaurant der DDR. Die Gäste kamen von weit her, aus Berlin und sogar aus dem Westen. Wer heute was Frisches zu essen sucht, der hält sich am besten an die Bratwurst. Und die Suhler Sushi-Geschichte gibt es demnächst frisch in unseren Kinos.

Anfahrt: Ist etwas kompliziert. Ortsunkundige sollten dem Navi vertrauen. Geben Sie als Ziel die Döllstraße ein. Dort finden Sie kostenlose Parkplätze und der Stand ist gleich um die Ecke.

Parkplatz:
öffentlich in Döllstraße
(30 Minuten kostenlos)

WC: ja (im Rathaus)

**Bratwurst bei Regen/
Schneefall:** Vordach vom Stand

Wer steht am Rost:
Carmen Walch

Rost brennt seit: 1997

Bratwurst:
Fleischerei Bamberg Rohr

Gewürze:
Salz, Pfeffer, Knoblauch,
(kein Kümmel)

Holzkohle: ja

Preis: 1,50 Euro (120 g)

Brötchen:
Bäckerei Schmidt Suhl

Senf/Ketchup: Born

Extras:
Suppe, Currywurst, Buletten;
alkoholfreie Getränke, Kaffee

**Bratwurstessen
und Entspannen:** Gehen Sie
doch mal nach nebenan zu den
anderen Marktständen.

**Wohin mit der
Bratwurstenergie:**
Bummel durch die Innenstadt,
Waffenmuseum

Wann brennt der Rost: ganzjährig
dienstags/donnerstags/freitags (Markttage) von 9.00 bis 16.00 Uhr
Während des Weihnachtsmarktes im Dezember ist der Stand
mit gleichen Öffnungszeiten am Unteren Markt zu finden.

Burgk

Standort (fürs Navi)
07907 Burgk, Isabellengrün (Bitte Hinweise zur Anfahrt beachten!)

Roststand an der Staumauer

„Thüringer Meer" - so nennen die Thüringer liebevoll ihre Bleilochtalsperre. Nicht ganz unberechtigt, denn mehr Wasser als hier passt in keinen anderen deutschen Stausee hinein. Und da gleich neben der Staumauer ein Bratwurststand auf Sie wartet, kann es durchaus passieren, dass Ihnen besonders viel Wasser im Munde zusammenläuft!

Anfahrt:
von Gräfenwarth kommend am Ortsausgang Richtung Staumauer Bleilochtalsperre / Isabellengrün, hinterer Parkplatz Staumauer (nach Ampel)

Parkplatz: ja

WC: nein

Bratwurst bei Regen:
eigener Regenschirm

Wer steht am Rost:
Gerhard Heuschkel

Rost brennt seit: 1992

Bratwurst: Original Thüringer Wurstwaren Bestes aus Triptis

Gewürze: Salz, Pfeffer, Kümmel gemahlen und ganz

Holzkohle: ja

Preis: 1,40 Euro (120 g)

Brötchen: Aufbackbrötchen

Senf/Ketchup: Born

Extras: alkoholfreie Getränke

Bratwurstessen und Entspannen:
Blick auf Staumauer und Talsperre

Wohin mit der Bratwurstenergie:
Wanderung rund um die Talsperre, macht rund 50 km

Wann brennt der Rost:
April bis Oktober: sonntags von 10.00 bis 18.00 Uhr

Burgk

Wer brät, der rostet nicht.
Der älteste Thüringer Bratwurstbrater.

Dieses Jahr (2011) wird er 80 Jahre alt. Gerhard Heuschkel aus Auma. Seit 1992 steht er zwischen Frühjahr und Herbst jeden Sonntag an der Staumauer der Bleichlochtalsperre und brät munter vor sich hin. **„Man könnte auch zu Hause rumsitzen"**, sagt er, **„aber das macht wenig Sinn"**.

Mit seinen sonntäglichen Brateinsätzen spart er sich das Geld für die Sonntagszeitung. Er erfährt alles von seinen Kunden, Klatsch und Tratsch, die Bundesligatabelle, ein wenig Politik ist auch dabei. Für dieses kostenlose Unterhaltungsangebot setzt er sich in seinen Trabbi mit Anhängerkupplung und fährt los, hinten dran der Bratwurststand-Anhänger. Der ist nicht nur Marke Eigenbau, sondern hält sich auch streng an die hygienischen Vorgaben: Verkaufstisch, eingebauter Rost, Überdachung, fließend kaltes Wasser zum Händewaschen. Die Pflicht-Grundausstattung sozusagen.

Zu den Extras gehören ein Kofferradio (zum Zeitvertreib, wenn mal keine Bratwurstesser in der Nähe sind) und ein Gartenstuhl. **„Ab und zu mal hinsetzen, das entspannt und spart auch Kraft"**, sagt er. Aber sonst, der Rücken muss noch fit sein, nur ein paar kleine, altersbedingte Wehwehchen sind erlaubt. Dann klappt es auch mit dem stundenlangen Bratwurstbraten im hohen Alter. Und ansonsten ist es wie überall auf der Welt, meint er lächelnd: **„Man braucht Lust und Liebe, wie in jedem anderen Job."**

Einzigartig, aber warum?
Die Thüringer Bratwurstgewürze.

Als ältester Thüringer Profibrater darf sich Gerhard Heuschkel zur heiligsten und zugleich heikelsten Frage äußern: Wie schmeckt sie nun, die Thüringer Bratwurst?

Seine Antwort: **"Jede Thüringer Bratwurst ist keene Thüringer Bratwurst"**. Das ist weise und diplomatisch gesprochen im Südostthüringer Dialekt. Übersetzt heißt es so viel wie: Die einzige und wahre Thüringer Bratwurst gibt es nicht. Jede Region, jeder Fleischer hat seine eigene, typische Gewürzmischung. Neben Salz und Pfeffer, die nicht unbedingt als thüringentypisch gelten, haben Kümmel (in den Varianten gemahlen und ganz), Knoblauch und Majoran eine große Bedeutung. Die Gewürzkarten auf den folgenden Seiten zeigen ihre Verbreitungsgebiete. Nebenbei können noch Muskat, Koriander oder Zitronenschale vorkommen. Auch ein „Schlückchen" Alkohol könnte dabei sein - nämlich dann, wenn frischer Knoblauch in Schnaps eingelegt wurde, damit er sich nicht verfärbt.

Die „Hauptgewürze" Kümmel, Knoblauch und Majoran sind aber nicht unumstritten. Es gibt Gegenden, die ein, zwei oder gleich alle drei Gewürze aus tiefstem Herzen ablehnen. Und weil das so ist, denkt jede Thüringer Region: Meine Wurst ist die wahre Thüringer Bratwurst. Glauben Sie nicht? Dann lesen Sie mal, wie das Gespräch mit dem angeblich so neutralen Gerhard Heuschkel weiterging:

Autor: „Aber so einen Grundgeschmack, eine Abgrenzung zu Weißwurst oder Nürnberger, den muss es doch geben?"
Opa Heuschkel: „Angenehm, gut gewürzt, aber man darf nichts vorschmecken. Und Kümmel gehört nicht rein".
Autor: „Aha, aber in Ihrer Wurst aus Triptis ist doch auch Kümmel drin… ?"
Opa Heuschkel: „Aber höchstens leicht gemahlen und nur zur Geschmacksverbesserung. Net so, wie das bei manchen ist, dass du die Kümmelkörner zwischen den Zähnen hast. Dann ist es keine Thüringer Wurst mehr."

Alles klar!!??

Die Thüringer Bratwurstgewürzkarte

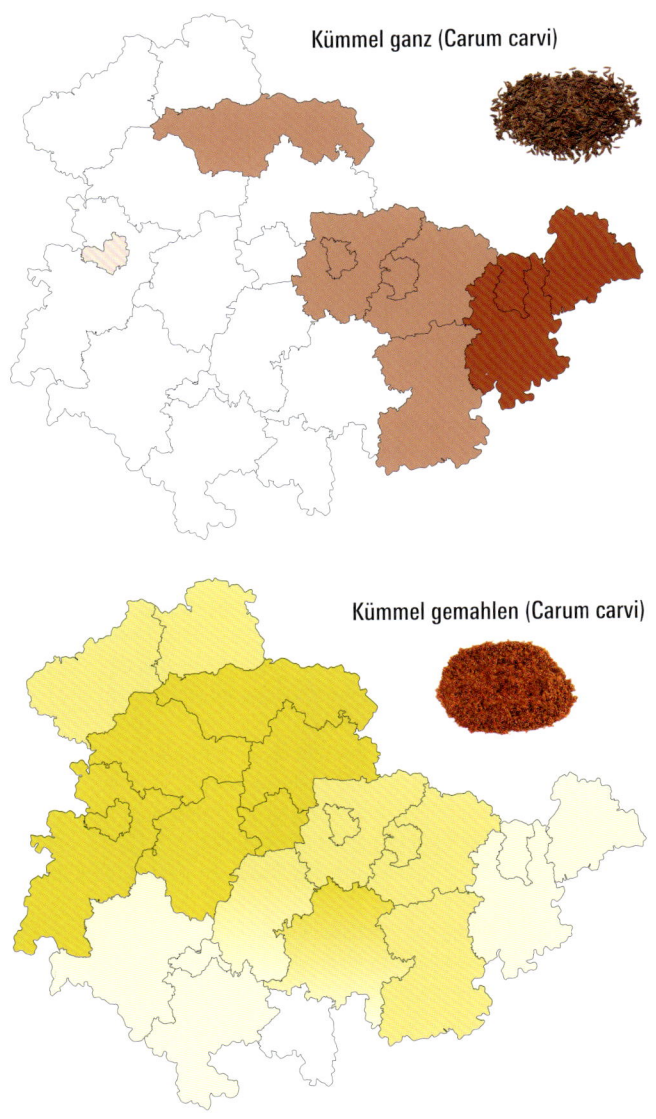

Kümmel ganz (Carum carvi)

Kümmel gemahlen (Carum carvi)

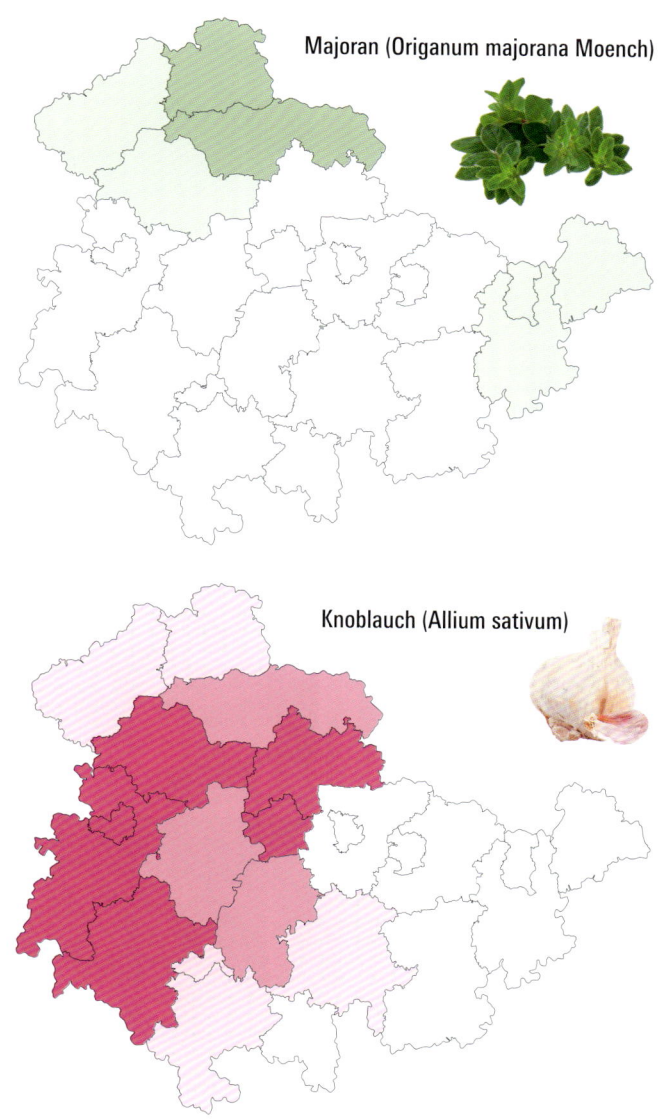

Bucha

Standort (fürs Navi)
07751 Bucha, Dorfstraße

Fleischerei
Agrargenossenschaft Bucha

Das kleine Bucha hat eine sehr enge Beziehung zur Bratwurst. Der Ortsname deutet auf einen dichten Buchenwald hin, der hier früher mal gestanden haben muss. Wohin das Holz der Buchen verschwunden ist, darüber lässt sich nur spekulieren. Eine Möglichkeit wäre, es ist unter dem Bratwurstrost gelandet. Denn Buchenholz wird sehr gern zu Holzkohle veredelt.

Anfahrt:
A 4 Abfahrt Schorba, weiter Landstraße Richtung Schorba / Bucha, vor Ortsausgang links

Parkplatz: ja

WC: ja (auf Betriebsgelände Agrargenossenschaft)

Bratwurst bei Regen/ Schneefall: Vordach vom Stand

Wer steht am Rost:
Stephan Hahn

Rost brennt seit: 1998

Bratwurst:
eigene Herstellung

Gewürze: Salz, Pfeffer, Kümmel gemahlen und ganz

Holzkohle: ja

Preis: 1,50 Euro (125 g)

Brötchen: Stadtbäckerei Jena

Senf/Ketchup: Born

Extras:
Brätel, Schaschlik, Geflügelspieße; alkoholfreie Getränke, Kaffee, Tee, Bier, Glühwein

Bratwurstessen und Entspannen:
Blick auf Nachbarort Oßmaritz

Wohin mit der Bratwurstenergie:
Wanderung Leutratal

Wann brennt der Rost:
ganzjährig: dienstags bis freitags von 8.00 bis 18.00 Uhr

Standort (fürs Navi)
07545 Gera, Markt

Grillteufel

Das ist original Thüringer Lebenskultur! Wochenmarkt auf einem der schönsten Marktplätze Thüringens mit Blumen, Obst und Gemüse aus der Region. Und über allem schwebt dieser leckere Duft, der den Appetit wachkitzelt. Und wundern Sie sich bitte nicht, wenn man Ihnen dann „Echte Thüringer Roster" anbietet. Das ist dasselbe wie Thüringer Bratwurst, der **Ost**thüringer sagt aber **Rost**er.

Anfahrt:
über Ernst-Toller-Straße - De-Smit-Straße zum Parkhaus Kultur- und Kongresszentrum, von dort zu Fuß über Schloßstraße - Große Kirchstraße zum Markt

Parkplatz: ja
(Parkhaus Innenstadt)

WC: nein

Bratwurst bei Regen/ Schneefall: Vordach vom Stand

Wer steht am Rost:
Daniel Vater

Rost brennt seit: 2000

Bratwurst:
Fleischerei aus Apolda

Gewürze:
Salz, Pfeffer, Kümmel gemahlen

Holzkohle: ja

Preis: 2,00 Euro (150 g)

Brötchen:
Bäckerei Laudenbach Gera

Senf/Ketchup: Born, Bautz'ner

Extras:
Brätel; Getränke

Bratwurstessen und Entspannen:
Der Marktplatz zählt durch seine Geschlossenheit zu den architektonisch schönsten Plätzen Thüringens. Prachtstück ist das Rathaus im Renaissancestil. Vom 57 Meter hohen Rathausturm kann man den idyllischen Blick über die Stadt genießen.

Wohin mit der Bratwurstenergie:
Bummel durch Innenstadt

Wann brennt der Rost: ganzjährig
dienstags/donnerstags/freitags von 8.30 Uhr bis 15.00 Uhr
(immer wenn Wochenmarkt)

Gera, Flugplatz Gera-Leumnitz

Standort (fürs Navi)
07546 Gera, Ronneburger Straße 74

Imbiss „Take Off"

Keine Sorge, dieser Bratwurststand ist weder mit einem Schreibfehler noch mit einer Englischschwäche behaftet. Es muss wirklich Take off und nicht Take away heißen! Take off wie abheben oder starten, denn gleich hinterm Rost finden Sie den Flugplatz Gera-Leumnitz. Falls Sie die Bratwurst aber doch lieber in der Take-away-Variante wünschen, dann lassen Sie sich einfach eine einpacken.

Anfahrt: A 4 Abfahrt Gera-Leumnitz, Richtung Gera oder von Gera kommend B 7 Richtung Ronneburg (direkt am Flugplatz Gera-Leumnitz)

Parkplatz: ja

WC: ja (Gaststätte)

Bratwurst bei Regen/Schneefall: beheizte Flieger-Lounge

Wer steht am Rost: Ronny Steudel, Antje Braun

Rost brennt seit: 2009

Bratwurst: Original Thüringer Wurstwaren Bestes aus Triptis

Gewürze: Salz, Pfeffer, Kümmel gemahlen und ganz

Holzkohle: ja

Preis: 1,30 Euro (120 g)

Brötchen: Bäckerei Laudenbach Gera

Senf/Ketchup: Born

Extras: Tagesessen, Tagessuppe, hausgemachten Kartoffel- oder Nudelsalat; Getränke aller Art - heiß und kalt

Bratwurstessen und Entspannen: Blick auf Landebahn

Wohin mit der Bratwurstenergie: Ausflug nach Ronneburg zum ehemaligen BUGA-Gelände (Drachenschwanzbrücke, Gessental)

Wann brennt der Rost:
ganzjährig: montags bis freitags von 7.00 bis 16.00 Uhr

Gräfenwarth/Schleiz

Heuschkel Imbiss

Standort (fürs Navi)
07907 Gräfenwarth/Schleiz, Stauseestraße

Glaubt man der Sage, dann verdankt der Ort seinen Namen einem Ehestreit. Eine Gräfin von Schleiz, so wird berichtet, hatte genug von Ehemann, Herd und Staub wischen und machte sich einfach aus dem Staub. Der Graf wiederum wollte wenigstens noch einmal über die Sache reden, ritt ihr nach und rief: **„Gräfin, warte!"**. Das soll so in etwa dort passiert sein, wo heute die Häuser von Gräfenwarth stehen. Und hätte es damals schon einen Bratwurststand gegeben, dann hätte sie ja vielleicht auf ihn gewartet, zur Versöhnungs- oder zur letzten gemeinsamen Bratwurst.

Anfahrt: von A 9 kommend Landstraße Richtung Saalburg

Parkplatz: ja

WC: Toilettenkabine

Bratwurst bei Regen/ Schneefall:
kleines Vordach zum Unterstellen

Wer steht am Rost:
Lutz Heuschkel

Rost brennt seit: 1999

Bratwurst: Original Thüringer Wurstwaren Bestes aus Triptis

Gewürze: Salz, Pfeffer, Kümmel gemahlen und ganz

Holzkohle: ja

Preis: 1,40 Euro (120 g)

Brötchen: Aufbackbrötchen

Senf/Ketchup: Born

Extras: Röstbrätel (fein gewürzt), Frikadellen; alkoholfreie Getränke, Kaffee

Bratwurstessen und Entspannen: Blick zur Bleilochtalsperre

Wohin mit der Bratwurstenergie: entlang der alten Bahnstrecke ist ein neuer Radweg entstanden: Schleiz-Saalburg 13 km

Wann brennt der Rost:
ganzjährig: montags bis freitags von 9.00 bis 18.00 Uhr

Großeutersdorf

Brigittes Raststübel

Standort (fürs Navi)
07768 Großeutersdorf, Dorfstraße (B 88)

Großeutersdorf - ein Ortsname, der viel ländliches Flair vermuten lässt. Aber keine Angst, Ihr Weg zur Bratwurst führt nicht etwa über eine Kuhweide oder durch den Kuhstall. Sie gehen von der Straße aus nur ein paar Treppen hinunter zur Imbisshütte und werden prompt liebevoll versorgt. Und wenn hier irgendetwas üppiger ausfällt, dann sind es die Bratwürste!

Anfahrt: B 88 Richtung Rudolstadt / Saalfeld, Ortseingang links

Parkplatz: ja

WC: ja

Bratwurst bei Regen/ Schneefall: Imbissstube

Wer steht am Rost: Dieter Jahn

Rost brennt seit: 2002

Bratwurst: Wolf Echt Gute Wurst

Gewürze: Salz, Pfeffer, Kümmel gemahlen und ganz

Holzkohle: ja

Preis: 1,50 Euro (125 g)

Brötchen: Bäckerei Hunger Tröbnitz

Senf/Ketchup: Born

Extras: Spiegeleier, Bratkartoffeln, Rostbrätel, Leberkäse - alles selbstgemacht; alkoholfreie Getränke, Kaffee, Tee

Bratwurstessen und Entspannen: Blick auf Dohlenstein und Leuchtenburg

Wohin mit der Bratwurstenergie: Schaukelbrücke über die Saale zwischen Groß- und Kleineutersdorf, Jagdanlage Rieseneck

Wann brennt der Rost:
ganzjährig: montags bis freitags von 7.00 bis 19.00 Uhr

Das schwierige Brötchen.

Natürlich könnte es die Bratwurst auch ohne Brötchen bis in unseren Mund und dann weiter bis zum Magen schaffen. Aber das wäre völlig unthüringisch und das will ja keiner. Das Brötchen spart uns Teller, Messer und Gabel und die sich zwangsweise anschließenden Tätigkeiten wie Abwaschen und Abtrocknen. Außerdem garantiert das Brötchen, dass sich kein Bratwurstesser die Finger verbrennt. Sie sehen, alles in allem enorm wichtige Aufgaben. Da muss es keinen wundern, wenn der Thüringer extrem hohe Anforderungen an das Brötchen stellt. Frisch und etwas knusprig soll es sein, und das auch noch zu jeder Tageszeit. Durch das wechselhafte Thüringer Klima ist das aber kaum zu schaffen.

Am besten gelingt es noch den Ständen, die ihre Bratwürste in Aufbackbrötchen legen. Die werden am Stand frisch aus dem Backofen geholt, je nach Bedarf. Weitaus schwieriger haben es die Stände, die jeden Morgen ihre frische Brötchenlieferung von einem lokalen Bäcker beziehen und damit den ganzen Tag auskommen müssen.

An Regentagen wird aus knackig-frisch schnell **„babbsch"**, wie der Thüringer zu sagen pflegt. Er meint damit, dass die Brötchen Feuchtigkeit anziehen und unnatürlich weich werden. Bei Sonnenschein und sommerlicher Hitze passiert genau das Gegenteil - die Brötchen trocknen aus. Dieser Gefahr begegnen einige Stände mit liebevoll hergerichteten Brötchenkörben, wo der wertvolle Inhalt mit einem Tuch geschützt wird.

Auch im Winter sind die Brötchen gefährdet, besonders bei dicken Minusgraden. Hart und fest wird die „Wursthalterung", wenn sie ein paar Stunden auf ihren Einsatz im Dauerfrost ausharren muss. Bratwurstbrater Frank Trommler vom Weimarer Markt hat es deswegen im Winter schon mal mit einer Sonderanfertigung extra weicher Brötchen probiert. Aber einigen Kunden waren die dann wieder zu weich.

Frische verlangt Sauberkeit - die Hygiene am Bratwurststand.

Sie ahnen ja nicht, was einem Bratwurststand alles passieren kann, und wer es auf ihn abgesehen hat. Das Gefährdungspotenzial ist groß, besonders von oben. **Deswegen braucht er ein Dach über dem Kopf.** Dass die Flugroute eines Vogels genau über den Rost führt, ist wohl eher die Ausnahme, schon allein wegen der schlechten Sicht, wenn er in die Rauchwolke eintaucht. Aber egal. Noch unwahrscheinlicher ist, dass er gerade jetzt nicht nur Piep, sondern auch Pippi oder noch viel mehr macht. Aber es wäre ja möglich, und bei einer Meise eine kleine, bei einer Taube schon eine mittelschwere Bratwurst-Katastrophe. Deswegen gibt es das Dach für alle Fälle, das außerdem vor Regentropfen und vor herumfliegenden bunten Blättern im Herbst schützt.

Der Rost muss vor den Kunden geschützt werden. Das hätten Sie vermutlich nicht gedacht. Auch Sie als Bratwurstesser stellen eine ernsthafte Gefahr für Rost und Würste dar, gerade in der kühlen Jahreszeit. Sie stehen in der Schlange vorm Rost, die Nase tropft, der Rachen kratzt und schon wird geschnieft und gehustet, meist in Richtung Rost. Lecker! Aber auch hier ist der Kunde König und muss sein Benehmen nicht hinterfragen. Stattdessen muss der Brater dafür sorgen, dass die Kunden nicht direkt bis zum Rost vordringen bzw. „vorhusten" können. Bewährt hat sich zum Beispiel eine Plexiglasscheibe oder eine Verkaufstheke.

Zum Bratwurststand gehört ein Dosierspender. So, wie Sie es von zu Hause gewohnt sind, geht es natürlich nicht. Also kein offener Senfbecher und dann mit Messer oder Löffel den Senf auf die Bratwurst streichen, ein bisschen rumklecker inklusive. Deswegen werden Sie überall die praktischen Drückflaschen finden, meist stehend, manchmal auch hängend.

Der Bratwurstbrater verhält sich hygienisch korrekt. Vermutlich haben Sie ihm irgendwann schon mal auf die Finger geschaut – ganz intensiv und fasziniert vom geschickten Umgang mit der Bratwurstzange. Doch haben Sie auch die sauberen Hände gesehen? Die müssen nämlich immer ordentlich gewaschen sein.

Wie schon bei der Kühlung haben die Bratwurststände neben Gaststätten und Fleischereien auch hier einen kleinen Standortvorteil. Es gibt mindestens ein Waschbecken, meist sogar mit fließend warmem Wasser. Der Bratwurstbrater an der Landstraße oder auf dem Marktplatz aber muss sich etwas einfallen lassen. Zur Not reicht ein einfacher Kanister. Hauptsache kalt und fließend!

Hygiene muss außerdem sichtbar und für den Kunden nachvollziehbar sein. Der Bratwurstbrater trägt vorzugsweise hell, also weiße Schürze oder Jacke. Denn hell ist ein Zeichen von frisch gewaschen und unbefleckt. So demonstriert er Ihnen: a) **Schürze oder Jacke sind frisch**

aus der Reinigung und b) **ich habe mir keine schmutzigen Finger daran abgewischt**.

Der Thüringer Bratwurstbrater trägt nicht nur hygienisch einwandfreie Kleidung, er verfügt auch über hygienische Grundkenntnisse. Das heißt, die Zeilen und Fakten, die Sie gerade überflogen haben, muss er abrufbereit im Kopf haben. Denn wenn die Damen und Herren vom Amt vorbeischauen, sehen sie nicht nur in alle Ecken, sondern verwickeln die Frau oder den Mann am Rost auch gern in Small Talk: **„Wie viel Grad sind in Ihrer Kühlbox? Wo waschen Sie Ihre Hände? Wie oft machen Sie das am Tag?"**

Großeutersdorf

Grillhäusel

Standort (fürs Navi)
07768 Großeutersdorf, Dorfstraße (B 88)

Die Bundesstraße 88 ist nichts für Eilige. Zusammen mit der Saale schlängelt sie sich durch deren Tal. Die einzige wirkliche Chance, den LKW vor Ihnen zu überholen, kommt dann, wenn er in Großeutersdorf rechts ran fährt - zum Grillhäusel. Wenn Sie denselben Plan haben, dann müssen Sie nur Ihre Bratwurst schneller essen, damit Sie vor dem Brummi wieder loskommen.

Anfahrt: B 88 Richtung Rudolstadt/Saalfeld, kurz vor Ortsausgang Großeutersdorf rechts

Parkplatz: ja

WC: ja

Bratwurst bei Regen/Schneefall:
überdachte Sitzecken, gemütlich in Imbissstube

Wer steht am Rost:
Gregor Krämer

Rost brennt seit: 1990

Bratwurst: Wolf Echt Gute Wurst

Holzkohle: ja

Gewürze:
Salz, Pfeffer,
Kümmel gemahlen und ganz

Preis: 1,60 Euro (100 g)

Brötchen: Meister Bäcker

Senf/Ketchup: Naba Gierstädt

Extras: Brätel,
Kartoffelsalat selbstgemacht,
Eisbein mit Sauerkraut,
ungarische Gulaschsuppe,
Sülze mit Bratkartoffeln,
Spiegeleier, Pommes frites,
rohe Bratwürste zum
Mitnehmen, frische Landeier;
alkoholfreie Getränke, Kaffee,
einheimische Biersorten,
Glühwein

**Bratwurstessen
und Entspannen:**
Blick zur Leuchtenburg

**Wohin mit der
Bratwurstenergie:**
Besichtigung Leuchtenburg,
Altstadt Kahla,
Kemenate Orlamünde,
Jagdanlage Rieseneck

Wann brennt der Rost: ganzjährig
montags bis samstags von 9.00 bis 17.00 Uhr
zur Sommerzeit auch sonntags von 11.00 bis 15.00 Uhr

Harth-Pöllnitz/Großebersdorf

Standort (fürs Navi): **07589 Harth-Pöllnitz/Großebersdorf**
Grossebersdorf (-ss: wichtig, da mit ß kein Eintrag)

Jahn's Roster-Bude

Im Ortsnamen finden Sie bereits einen versteckten Hinweis auf die Bratwurst. Eber wie männliches Schwein, wie Schweinefleisch, wie Bratwurstfleisch. Und **Groß**ebersdorf heißt ja dann so viel wie: hier ist besonders viel Fleisch in der Bratwurst.

Anfahrt:
B 2 Richtung Gera,
Parkplatz Ortsmitte

Parkplatz: ja

WC: Toilettenkabine

**Bratwurst bei Regen/
Schneefall:**
überdachte Sitzhütte

Wer steht am Rost:
Enrico Jahn

Rost brennt seit: 2005

Bratwurst:
Wolf Echt Gute Wurst

Gewürze:
Salz, Pfeffer,
Kümmel gemahlen und ganz

Holzkohle: ja

Preis: 1,50 Euro (125 g)

Brötchen:
Bäckerei Treibmann Crimla

Senf/Ketchup: Born

Extras: alkoholfreie Getränke, Kaffee, Bier

Bratwurstessen und Entspannen:
gemütlich in überdachter Sitzhütte

Wohin mit der Bratwurstenergie:
Weida Osterburg

Wann brennt der Rost: ganzjährig (außer bei strengem Frost)
montags bis mittwochs von 9.00 bis 16.00 Uhr
donnerstags/freitags von 9.00 bis 17.00 Uhr
April bis Oktober auch samstags von 10.00 bis 15.00 Uhr

Jena-Maua

Standort (fürs Navi)
07751 Jena, Unterm Sande 2a

Das kleine Maua liegt gleich neben der Autobahn 4 und LKW-Fahrer werden vermutlich gleich an Maut denken. Sollten Sie deswegen die A 4 verlassen und auf der B 88 weiterfahren, dann zahlen Sie doch wenigstens die Bratwurst-Maut, gleich in bar am Stand. Dafür bekommen Sie eine frisch gebratene Wurst mit Brötchen. Und nur die Mehrwertsteuer wandert in die Staatskasse.

Anfahrt: A 4 Abfahrt Jena Göschwitz, B 88 Richtung Saalfeld, 200 m nach Ortseingangsschild Jena-Maua rechts

Parkplatz: ja

WC: ja

Wer steht am Rost:
Uwe Seifert

Bratwurst bei Regen/Schneefall: einfach reinsetzen in den Straßenbahnwagen

Rost brennt seit: 1990

Bratwurst:
Rudolstädter Wurst und Feinkost

Gewürze: Salz, Pfeffer, Kümmel gemahlen

Holzkohle: ja

Preis: 1,60 Euro (130 g)

Brötchen:
Bäckerei Czech Jena

Senf/Ketchup: Born

Extras: Mutzbraten, Rostbrätel, hausgemachte Buletten und Suppen; alkoholfreie Getränke

Bratwurstessen und Entspannen:
Blick auf Kernberge

Wohin mit der Bratwurstenergie:
Wanderung ins Leutratal (im Frühjahr Orchideenlandschaft), Saaletouren mit Kanu

Wann brennt der Rost: ganzjährig montags bis samstags von 7.30 bis 16.00 Uhr (wenn späte Kunden, dann auch länger)

Jena

Standort (fürs Navi)
07743 Jena, Johannisplatz

Grillteufel am Johannistor

Wenn Sie vom Bratwurststand hinüber zum Johannistor mit der alten Stadtmauer blicken, dann sollten Sie sich freuen. Warum? Weil Bratwurstbraten an dieser Stelle lange Zeit strengstens verboten war. Denn gleich hinter dem Johannistor steht der Pulverturm, in dem jahrhundertelang Schießpulver aufbewahrt wurde, um die Stadt gegen Bösewichte zu verteidigen. Und Schießpulver hieß höchste Explosionsgefahr, kein offenes Feuer im Umkreis, und auch keine glühende Holzkohle.

Anfahrt:
Stadtzentrum Jena, Johannisplatz (Parkhaus Neue Mitte), Bratstand direkt neben Johannistor bzw. vor Einkaufszentrum Neue Mitte

Parkplatz: ja
(Parkhaus Neue Mitte)

WC: ja
(Einkaufszentrum Neue Mitte)

Bratwurst bei Regen/Schneefall: Vordach vom Stand

Wer steht am Rost:
Christopher Arendt

Rost brennt seit: 1995

Bratwurst:
Fleischerei aus Apolda

Gewürze: Salz, Pfeffer, Kümmel gemahlen

Holzkohle: ja

Preis:
2,00 Euro (150 g),
1,00 Euro (80 g)

Brötchen:
Bäckerei Hamdorf Bad Sulza

Senf/Ketchup: Born, Bautz'ner

Extras: Brätel, Frikadellen; alkoholfreie Getränke, Bier

Bratwurstessen und Entspannen: Blick auf Fußgängerzone, Johannisturm

Wohin mit der Bratwurstenergie: Bummel durch Innenstadt mit Besuch beim zweiten Grillteufel-Stand am Engelplatz, vom Johannistor Richtung Theater / Westbahnhof (geöffnet: montags bis samstags von 9.30 bis 18.30 Uhr)

Wann brennt der Rost:
ganzjährig: montags bis samstags von 9.30 bis 19.00 Uhr

Thüringer Original
Produziert in Thüringen nach überlieferter Rezeptur

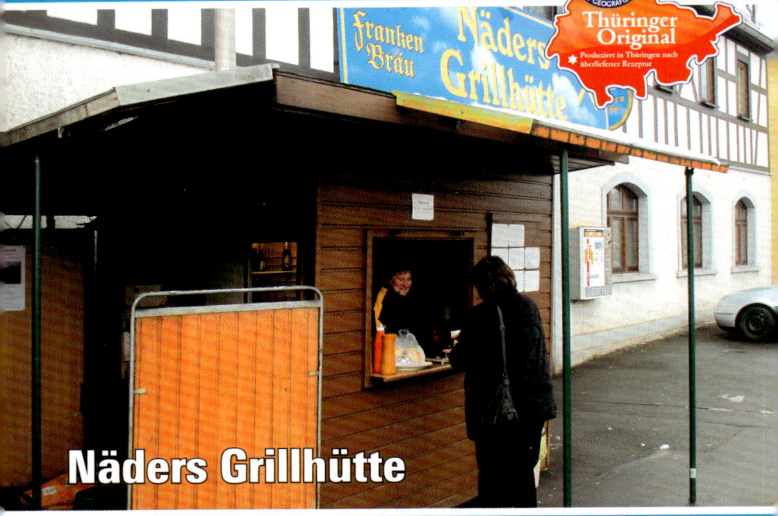

Näders Grillhütte

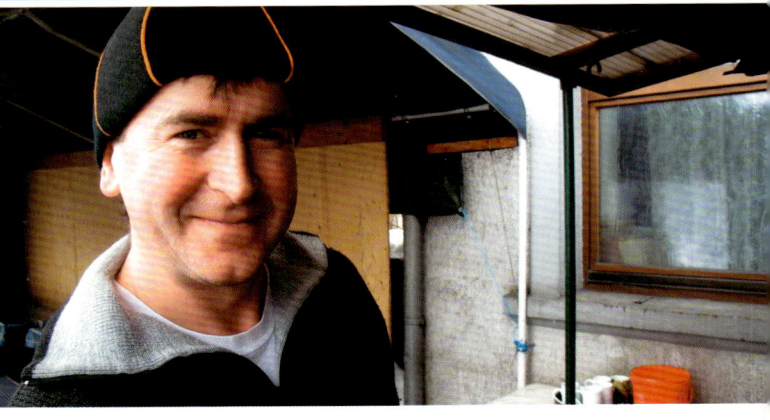

Standort (fürs Navi)
07387 Krölpa/Rockendorf, Saalfelderstraße 3

In Rockendorf steppt nicht unbedingt der Bär. Hier rocken höchstens Hase und Igel, kurz bevor sie sich Gute Nacht sagen. So ist es nun mal in einem Nicht-einmal-600-Einwohner-Dorf. Dem Durchreisenden auf der B 281 kann das völlig „wurscht" sein, wie die Thüringer sagen. Hauptsache, er bekommt hier seine Wurst!

Anfahrt:
B 281 zwischen Saalfeld und Pößneck, in Rockendorf rechts

Parkplatz: ja

WC: ja

Bratwurst bei Regen/Schneefall:
überdachter Anbau am Stand

Wer steht am Rost:
Jens Näder

Rost brennt seit: 1994

Bratwurst: Original Thüringer Wurstwaren Bestes aus Triptis

Gewürze: Salz, Pfeffer, Kümmel gemahlen und ganz

Holzkohle: ja

Preis: 1,30 Euro (100 g)

Brötchen:
Bäckerei Spitzer Krölpa

Senf/Ketchup: Born

Extras: Kartoffel- und Nudelsalat, Buletten - alles hausgemacht; alkoholfreie Getränke, Kaffee, Milch, Bier, Glühwein

Bratwurstessen und Entspannen:
im Sommer bunte Felder mit Kapuzinerkresse am Ortsrand

Wohin mit der Bratwurstenergie:
hauseigene Kegel- und Bowlingbahn,
Besuch Burg Ranis,
Barockschloss Brandenstein

Wann brennt der Rost: Februar bis Dezember: dienstags bis freitags von 9.30 bis 18.30 Uhr
Mai bis September: auch samstags von 10.00 bis 18.00 Uhr und sonntags von 15.00 bis 19.00 Uhr

Mittelpöllnitz

Standort (fürs Navi)
07819 Mittelpöllnitz, Geraer Straße 8

226

Imbiß Porstendorf
(BfT Tankstelle)

Wer hier mit dem Auto vorbei kommt, für den lohnt sich das Anhalten gleich doppelt. Hier kann beides wieder nachgefüllt werden, der Tank und der Magen.

Anfahrt:
B 2 Richtung Gera, Rast- und Tankstelle im Ortsteil Porstendorf

Parkplatz: ja

WC: ja

Bratwurst bei Regen/ Schneefall:
gemütlich in der Raststube

Wer steht am Rost:
Sibylle Jung

Rost brennt seit: 1990

Bratwurst:
„Landhof" Thüringer Fleisch- und Wurstwaren Münchenbernsdorf

Gewürze: Salz, Pfeffer, Kümmel ganz

Holzkohle: ja

Preis: 1,50 Euro (120 g)

Brötchen: Stadtbäckerei Jena

Senf/Ketchup: Born

Extras:
umfangreiches Speisenangebot und wechselndes Tagesessen, Kartoffelsalat selbstgemacht, Verkauf hausgeschlachtener Wurst; Warm- und Kaltgetränke

Bratwurstessen und Entspannen:
freie Sicht auf Wald und Feld

Wohin mit der Bratwurstenergie:
Koala Kletterwald am Kreisverkehr Neuensorga

Wann brennt der Rost: ganzjährig: montags bis freitags von 11.30 bis 13.00 Uhr (Imbiss von 8.00 bis 17.00 Uhr)

Schmölln/Großstöbnitz

Imbiss Großstöbnitz

Standort (fürs Navi)
04626 Schmölln/Großstöbnitz, Schmöllner Straße 17

Großstöbnitz liegt im Tal der Sprotte. Ein Flussname, der in dieser Gegend etwas Verwirrung auslösen könnte. Der Fisch namens Sprotte hat hier nämlich nichts zu suchen. Er gehört vielmehr zur Gattung der Heringe und damit ins Meer. Eine Erklärung können die Sprachforscher liefern. Sie sagen, Sprotte kommt aus dem Slawischen und heißt so viel wie stinken. Naja, da wäre dann wohl eine Umbenennung fällig! Denn hier duftet es herrlich nach frischen Bratwürsten.

Anfahrt:
B 7 Richtung Altenburg, Ortsmitte rechts

Parkplatz: ja

WC: ja

Bratwurst bei Regen/Schneefall: Vordach vom Stand

Wer steht am Rost:
Andreas Eichler, Sven Hausner

Rost brennt seit: 2011

Bratwurst:
Fleischerei Heilmann Lohma

Gewürze: Salz, Pfeffer, Kümmel ganz, Majoran

Holzkohle: ja

Preis: 1,70 Euro (120 g)

Brötchen:
Bäckerei Reisemann Schmölln

Senf/Ketchup:
Altenburger, Bautz'ner

Extras:
Mutzbraten, Kartoffelsalat; alkoholfreie Getränke, Kaffee, Tee, Fassbier

Bratwurstessen und Entspannen:
vom Biergarten Blick ins Altenburger Land

Wohin mit der Bratwurstenergie:
Radweg entlang der Sprotte (gleich hinterm Rost)

Wann brennt der Rost:
ganzjährig: montags bis samstags von 7.00 bis 18.00 Uhr

Raststätte Schorbaer Berg (A 4 Richtung Erfurt/Frankfurt)

Würde es in der Welt der Imbissstände auch eine rote Liste der gefährdeten Arten geben, dann wäre der Rastplatz „Schorbaer Berg" mit dabei. Und das gleich in zwei Kategorien: sehr selten und vom Aussterben bedroht. Wenn in zwei bis drei Jahren der Neubau des Jagdbergtunnels abgeschlossen ist, wird die Autobahntrasse einen anderen Weg nehmen. Und der Bratwurststand? Nur mit viel Glück wird er an anderer Stelle weiter existieren.

Anfahrt: Von Erfurt kommend fahren Sie die A 4 Richtung Dresden bis zur Abfahrt Schorba / Milda. Dort wechseln Sie die Fahrtrichtung (also zurück Richtung Heimat) und gleich nach der Auffahrt biegen Sie schon wieder ab zum Rastplatz.

Parkplatz: ja

WC: ja

Bratwurst bei Regen/Schneefall: gemütlich in der Imbissstube

Wer steht am Rost: Matthias Pflugbeil

Rost brennt seit: 1990

Bratwurst: Weimarer Wurstwaren Nohra

Gewürze: Salz, Pfeffer, Kümmel gemahlen und ganz

Holzkohle: ja

Preis: 2,10 Euro (120 g)

Brötchen: Frischback Arnstadt

Senf/Ketchup: Born

Extras: Erbsensuppe aus Gulaschkanone, Soljanka, Schnitzel mit Kartoffelsalat oder Bratkartoffeln, hausgemachte Frikadelle; alkoholfreie Getränke, Kaffee, Tee, Bier

Bratwurstessen und Entspannen: Sitzecke im Grünen abseits der Autobahn

Wohin mit der Bratwurstenergie: Beschäftigen Sie sich doch mit der Pfaudame Trute. Sie wohnt seit Sommer 2008 auf dem Gelände der Raststätte (zugeflogen) und spielt seitdem das Hausschwein. Ein Stückchen Bratwurst verspeist sie gern, nur Streicheln mag sie nicht.

Wann brennt der Rost: ganzjährig
täglich: März bis Oktober von 9.00 bis 15.00 Uhr
November bis Februar von 9.00 bis 12.00 Uhr

Autobahnrastplatz Schorba

Landestypische Esskultur an der Autobahn, das finden Sie nur in Thüringen, welt-exklusiv sozusagen. Hier bekommen Durchreisende einen detaillierten Einblick in das Ess- und Bratverhalten des Thüringers. Bestaunen Sie den Holzkohlegrill, die geschickten Hände und das Zeitgefühl des Braters beim Wenden der Würste. Und kosten dürfen Sie natürlich auch.

Anfahrt: A 4 Richtung Dresden. Nach der Abfahrt Magdala folgt ein steiler Anstieg, kurz vor der Bergkuppe biegen Sie zur Raststätte Schorbaer Berg ab (Kilometer 181,2). Wenn Sie schon an der Abfahrt Schorba / Milda sind, haben Sie den Rastplatz verpasst.

Parkplatz: ja

WC: ja

Bratwurst bei Regen/ Schneefall: gemütlich in Imbissstube, überdachtes Zelt

Wer steht am Rost: Holger Wenzel

Rost brennt seit: 1990

Bratwurst: Agrargenossenschaft Bucha

Gewürze: Salz, Pfeffer, Kümmel gemahlen und ganz

Holzkohle: ja

Preis: 1,80 Euro (125 g)

Brötchen: Aufbackbrötchen

Senf/Ketchup: Born, Bautz'ner

Extras:
Currywurst, Frikadellen, Knoblauchwurst, Krakauer, Bratkartoffeln, Gulasch-, Erbsen-, Kartoffelsuppe, Soljanka; alkoholfreie Getränke, Kaffee, Flaschenbier

Bratwurstessen und Entspannen: Sitzbänke im Freien, Blick auf Windräder Bucha, Nachbarort Magdala

Wohin mit der Bratwurstenergie:
„Bewegung tut nicht Not", sagt Inhaber Haase. Thüringer Bratwürste haben nur einen geringen Fettanteil.

Wann brennt der Rost: ganzjährig (Betriebsferien: 24.12. bis 02.01.)
donnerstags/freitags von 7.30 bis 22.00 Uhr
samstags bis mittwochs von 7.30 bis 20.00 Uhr

Triptis

Grillstübl A9

Standort (fürs Navi)
07819 Triptis, Döblitzer Straße 2

Sie haben noch viele Autobahnkilometer vor sich, bis nach Berlin oder München? Und Sie kennen die Speisekarten der Raststätten entlang der A 9 schon in- und auswendig? Dann fahren Sie an der Abfahrt Triptis mal kurz runter von der Autobahn und parken direkt vorm Rost.

Anfahrt: A 9 alte Autobahnauf- / abfahrt Triptis

Parkplatz: ja

WC: Toilettenkabine

Bratwurst bei Regen/ Schneefall: überdachter Vorraum am Rost

Wer steht am Rost: Bruno Kießig

Rost brennt seit: 1997

Holzkohle: ja

Bratwurst: Original Thüringer Wurstwaren Bestes aus Triptis

Gewürze: Salz, Pfeffer, Kümmel gemahlen und ganz

Preis: 1,40 Euro (120 g)

Brötchen: Aufbackbrötchen

Senf/Ketchup: Born

Extras: Nudelsalat selbstgemacht, Soljanka, Thüringer Roster im 15er Pack eingeschweißt; Getränke

Bratwurstessen und Entspannen: Blick ins Orlatal

Wohin mit der Bratwurstenergie: Orlaradwanderweg, Freibad Triptis

Wann brennt der Rost: ganzjährig
April bis Oktober: täglich von 8.00 bis 18.00 Uhr
November bis März: montags bis samstags von 8.00 bis 17.00 Uhr

Wilde Taube, Wittchendorf

Standort (fürs Navi)
07980 Wilde Taube, Wittchendorf

Grillimbiss Wittchendorf

Woran erinnert Sie dieser Ortsname? An die Brüder Grimm vielleicht? An Schneewittchen? „Witt" bedeutete früher einmal weiß. Und Schneewittchen trug ihren Namen angeblich deshalb, weil ihre Haut weiß wie Schnee gewesen sein soll. Und im Grillimbiss Wittchendorf sind die Bratwürste auch witt bzw. weiß, aber nur, wenn sie frisch auf den Rost kommen. Danach werden sie richtig schön braun und knusprig.

Anfahrt: B 92 Richtung Greiz, in Wittchendorf am Abzweig nach Altgernsdorf

Parkplatz: ja

WC: Toilettenkabine

Rost brennt seit: 2009

Bratwurst bei Regen/ Schneefall:
gemütliche Imbissstube

Wer steht am Rost:
Karl-Heinz Popp

Bratwurst: Schleizer Fleisch- und Wurstwaren

Gewürze: Salz, Pfeffer, Kümmel gemahlen und ganz, Majoran

Holzkohle: ja

Preis: 1,30 Euro (120 g)

Brötchen: Baguettebrötchen

Senf/Ketchup: Born

Extras: Rostbrätel, Currywurst, Klopse, Schnitzel, Kartoffel- und Nudelsalat, Bratkartoffeln; alkoholfreie Getränke, Kaffee

Bratwurstessen und Entspannen:
gemütlich Sitzen auf der Terrasse, Blick ins Land

Wohin mit der Bratwurstenergie:
Aussichtsturm an der Kreuztanne

Wann brennt der Rost: ganzjährig
April bis Oktober: montags bis freitags von 8.00 bis 17.00 Uhr
November bis März: montags bis freitags von 9.00 bis 15.00 Uhr

Altenburg

Altenburger City-Grill

Standort (fürs Navi)
04600 Altenburg, Markt 40

Das Altenburger Land hat Enormes für die deutsche Freizeitkultur geleistet. In einem Schloss nahe der Stadt soll Anfang des 19. Jahrhunderts eine kleine Herrenrunde das Skatspiel erfunden haben. 1832 wurde die erste Spielkarten-Fabrik gegründet. Nur die Kombination Skat spielen und Bratwurstbraten wird bislang selten praktiziert. Komisch eigentlich, haben doch beide oft den selben Begleiter: ein kühles Bierchen.

Anfahrt: Ausschilderung Zentrum/Rathaus folgen

Parkplatz: Innenstadt

Parkplatz
(gebührenpflichtig,
30 Minuten: 40 Cent)

WC: öffentliches WC hinterm Rathaus (20 Cent)

Bratwurst bei Regen/ Schneefall:
Vordach vom Stand, Schirme

Wer steht am Rost:
Mandy Häntzschel

Rost brennt seit: 2002

Bratwurst:
Fleischerei Kalz Thräna

Gewürze:
Salz, Pfeffer, Kümmel gemahlen, Majoran (Angaben von Fleischerei nicht bestätigt)

Holzkohle: ja

Preis: 1,70 Euro (130 g)

Brötchen:
Erntebrot Bäcker Altenburg

Senf/Ketchup: Born, Bautz'ner

Extras: Bockwurst, Steak, Frikadelle, Currywurst, Wiener; Altenburger Biere, alkoholfreie Getränke, Grog und Glühwein zur Winterzeit

Bratwurstessen und Entspannen: Bummel über Marktplatz Altenburg

Wohin mit der Bratwurstenergie: Radtour ins Altenburger Land

Wann brennt der Rost: ganzjährig
montags bis freitags von 8.00 bis 18.00 Uhr
samstags von 8.00 bis 13.00 Uhr

Seinen Senf dazugeben…

Damit meint das Sprichwort unerwünschten Rat. In diesem Buch ist es genau umgekehrt. Der Senf dazu, die fachliche Hilfe, war gewollt und gewünscht. Dafür möchte ich mich bedanken bei:

Dr. med. vet. Karin Schindler -
Referatsleiterin Lebensmittelüberwachung
im Thüringer Ministerium für Soziales, Familie und Gesundheit

Dr. Norbert Stang -
Referatsleiter Förderung und Agrarmarketing
bei der Thüringer Landesanstalt für Landwirtschaft

Rainer Wagner -
Initiator des HTW und Geschäftsführer
„Die Thüringer" Fleisch- und Wurstspezialitäten
Rainer Wagner GmbH Arnstadt

Uwe Keith -
Geschäftsführer
„Herkunftsverband Thüringer und Eichsfelder Wurst und Fleisch e.V."

Dr. Horst Schubert -
Geschäftsführer
„Herkunftsverband Thüringer und Eichsfelder Wurst und
Fleisch e.V." a.D.

Allen Fleischern, die gern und bereitwillig Auskunft
über ihre wichtigsten Bratwurstzutaten gaben.

Thüringer Landesamt für Bau und Verkehr

Aus Rücksicht auf mein Idealgewicht habe ich pro Stand immer nur eine Bratwurst gegessen. Die Angaben zum teilweise recht umfangreichen Imbissangebot beruhen allein auf Informationen der Standbetreiber. Ähnlich ist es bei den Öffnungszeiten und bei den Warenlieferanten. Änderungen und Irrtümer sind nicht ausgeschlossen.

Impressum

HIER BRENNT DER ROST - Der Thüringer Bratwurstführer

1. Auflage 2011

Autor:
Jens Roder

Fotos:
Jens Roder
Michael Neumann (S. 60)
Toskanaworld GmbH (S. 105)
Marlies Merrbach-Paulik (S. 244)

Grafik & Gestaltung:
Claudia Albrecht
RÜBE Marketing GmbH

Verlag:
RÜBE Marketing GmbH
Maximilian-Welsch-Straße 7
99084 Erfurt

Druck:
Silber Druck oHG
Am Waldstrauch 1
34266 Niestetal

ISBN:
978-3-9814254-0-6

© 2011 RÜBE Marketing GmbH. Alle Rechte vorbehalten. Das Werk einschließlich aller seiner Teile ist urheberrechtlich geschützt. Jede Verwertung außerhalb des Urhebergesetzes ist ohne Zustimmung des Verlages unzulässig und strafbar. Das gilt insbesondere für die Vervielfältigung, Übersetzungen, Mikroverfilmungen und die Einspeicherung in elektronischen Systemen.